JN413079

**MATERIALS
INFORMATION**

Prologue

방수와 단열, 그 기본의 고단함

'비 안 새고 바람 안 들면 된다'는 옛말은 외부환경으로부터 사람을 보호하는 방수와 단열이 건축의 가장 기본임을 나타낸다. 하지만 동시에 그 기본이 잘 지켜지지 않는다는 푸념이기도 하다.

이 당연한 기능이 지켜지기 어려운 이유는 무엇일까? 어디서도 방수와 단열에 대한 배움을 얻기 어렵기 때문이다. 시공 도면을 그려야 하는 건축가조차 결로의 원리와 재료의 선택 기준을 배우지 못한다. 누군가 그렸던, 혹은 과거부터 이어져 온 상세도만 모사하는 수준으로 방수와 단열을 처리하니, 이후 맞닥뜨린 현장에서도 시공품질은 온전히 시공자의 숙련도와 양심에 기댈 수밖에 없는 것이 현실이다. 그러니 건축가의 입장에서 방수와 단열은 가장 기본이면서도, 때론 치명적이다.

'방수'란 물을 막는 단순한 개념을 넘어 빗물, 수돗물 그리고 배수라는 물의 흐름을 대지와 건물 내외부에서 다루는 방법이다. 특히 오늘날 열대성 폭우로 인해 급격히 증가한 순간강우량과 길어진 우기는 더욱 높은 방수의 성능을 요하고 있다. 따라서 최대 우수량 이상을 감당할 수 있는 처리 능력 확보하고 하자 예측 및 보수 계획도 치밀하게 설계해야 한다. 방수의 완성도는 전혀 무관해 보이는 콘크리트 구조체의 품질과도 연관이 있다. 크랙을 타고 콘크리트 안으로 유입된 물길은 구체 안의 각종 관을 통해 내부로 쉽게 침투한다. 이를 통해 철근은 녹슬고 콘크리트와 분리되며 취약하게 변형된다. 재료의 모세관현상으로 들어온 물이 구조적인 안전까지 위협할 수 있는 것이다. 혹한과 혹서 사이 50도 이상 변화하는 온도 차를 이겨내는 재료는 그리 많지 않다. 방수가 잘되어 있어도 구석에 머물던 물이 얼고 녹기를 반복하다 보면 취약해지기 쉽다. 그런 까닭에 물길을 유도하고 습기를 말려줄 수 있는 통풍도 고려해야 한다.

방수 이상으로 중요한 '단열'은 온도, 습도, 통풍 등 쾌적한 실내 환경을 관장한다. 단열이 잘된 우수한 실내 환경은 결로를 막을 뿐 아니라, 이미 생긴 결로 또한 통풍과 온도를 조절해 제거한다. 누수가 되면 열교현상이 일어나고 결로로 인해 크랙이 발생한다. 이렇듯 미흡한 단열은 결국 결로로 이어져 곰팡이 등 실내환경 악화의 원인이 된다. 죽어가는 지구를 살리기 위해 탄소배출을 줄이는 동시에 열과 공기의 질을 유지하는 것. 우리에게 주어진 새로운 숙제다. 한편 불과 물에 강하고 우수한 부착력과 구조적인 힘을 가진 재료를 개발하는 등 재료공학의 영역에서도 아직 탐구해야 할 일이 남아 있다.

이렇게 방수와 단열은 서로 긴밀한 영향을 주며 건물의 내구성과 환경을 통제한다. 하지만 그 원리와 지식을 알고자 해도, 해당 분야를 주도하는 대부분의 한국 업체들은 마치 엄청난 비밀을 가진 듯 폐쇄적이고 비협조적이다. 재료와 공법이 체계화되지 않은 상태에서 더 이상 인터넷에 떠도는 정보에만 기댈 수는 없다. 이제 교육과 실무에서 멀어졌던 현장과 기술을 다시 되찾을 때다. 오래도록 방치된 치명적인 무력감과 무지함을 벗어나기 위해 두 분야를 심도 있게 연구해 본다.

-
2024년 2월
발행인 윤재선

발행 배포_ 에잇애플㈜

First published and distributed by 8apple ltd.

GARM magazine

에잇애플 주식회사
06580 서울특별시 서초구 서래로6 B102
T: 02-537-1536
F: 02-537-1532
E-mail: info@8apple.kr
garmmagazine.com
ⓘ garm_magazine
ⓕ garmssi

감22 단열
GARM ISSUE 22
INSULATION

초판 1쇄 인쇄 2024년 2월 29일
초판 1쇄 발행 2024년 3월 13일

발행인_ 윤재선
편집장_ 박지일
기획·편집 총괄_ 박세미 | 리서치_ 공수연, 박세미, 허보경
취재·편집_ 공수연, 박세미, 윤솔희, 최은화, 허보경 | 디자인_ 그래픽스튜디오베이스
사진_ 윤현기

발행처_ 에잇애플(주)
출판등록 2017. 4. 14.(제2017-000078호)
ISBN 979-11-89485-23-8 | 979-11-89485-22-1(세트)

※
이 책은 저작권법에 따라 보호받는 저작물이므로 무단전재와 무단복제를
금지하며, 이 책 내용의 일부 또는 전부를 이용하려면 반드시 사전에
저작권자와 출판권자의 서면 동의를 받아야 합니다.

All rights reserved. No part of this publication may be reproduced,
stored in a retrieval system, or transmitted in any form or by any
means, electronic, mechanical, photocopying, recording, or
otherwise, without prior consent of the publisher.
Printed in Seoul, South Korea

GARM

감22
단열

GARM ISSUE 22
INSULATION

garmSSI

Contents

1

THEORY AND GENERALIZATION

단열,
따듯한 환경을 향한
열망의 산물

글 박지일

단열의 기원

선사시대 이전부터 인류는 동물의 털이나 가죽으로 신체를 덮어 옷을 만들고
나무와 돌, 흙 등을 이용해 집을 지어 혹서와 혹한을 견디는 나름의 단열을 시도해
왔다. 단열의 기원은 현재까지 명확하게 정의된 바 없지만, 과거부터 쓰여온 양의
털이나 새의 깃털, 솜이나 짚, 머리카락 등 자연으로부터 신체를 보호하기 위해
자연스럽게 체득한 유기물들이 단열의 자연적인 원형으로 거론되곤 한다.

대부분의 건물은 외부의 온도변화에 맞춰 건물 내부의 온도를 어느 정도
일정하게 유지하기 위한 방법으로 단열을 계획한다. 단열을 하지 않은 건물의 경우,
날씨가 추운 겨울에 외부 온도가 급격하게 낮아지면 난방 효과를 기대할 수 없고
이에 따라 거주자 삶의 질 또한 낮아진다. 그런 까닭에 건물의 단열 방식은 지역의
기후 특성에 맞춰 오랜 시간에 걸쳐 조금씩 변형되어 왔다.

고대 이집트와 북유럽에서는 진흙을 이용해 집을 지었다. 이집트에서는
진흙을 벽돌의 형태로 사용했고, 북유럽에서는 플라스터 형식으로 가공해 갈대
등의 섬유질 식물과 섞어 사용했다. 그리스 로마인들은 석면을 내화 단열재로
사용했는데, 석면의 영문인 'Asbestos'는 고대 그리스어로 '불멸'을 뜻한다.
로마와 초기 스페인에서는 단열을 위해 코르크를 사용했으며, 북미 원주민들은
코르크에 진흙을 섞어 집의 벽체에 발라 단열을 했다. 돌을 이용한 벽체가 대부분인
중세시대에는 차갑고 축축한 석재의 특성을 감안해 두꺼운 천으로 벽이나 복도를
둘러 단열을 하기도 했다. 한편 12~13세기에 걸쳐 노르웨이와 아이슬란드에서
만들어진 난로와 굴뚝은 조절 가능한 인공난방의 시초로 여겨지는데, 그 기원은
명확히 알 수 없으나 열을 어떻게 실내에 가두고 밖으로 배출할 것인지에 대한
담론은 이때부터 본격적으로 논의되기 시작했다.

단열의 발전

효과적인 단열을 위해 단열재가 본격 개발되고 이를 상업적으로 이용하기 시작한
것은 19세기 후반 산업혁명 이후로, 당시 발명된 증기 터빈에 단열재를 사용한
것이 그 시초이다. 1804년 영국의 웨일스 지방에서 처음 생산된 미네랄울은
현무암 등의 천연광물에 석탄을 원료로 한 코크스 등을 혼합한 것으로, 고온고압의
증기를 사용하는 터빈의 배관을 감싸 대기로 방출되는 열의 양을 최소화하기 위한
목적으로 시도됐다. 한편 그 시기 건물에는 주로 석면을 단열재로 활용했는데,
단열과 내열, 절연성 등이 뛰어나 건물뿐만 아니라 건설, 조선업에 이르기까지
다양한 제조 분야에 사용됐다. 그러나 석면은 1987년 세계보건기구(WHO) 산하
국제암연구소가 1급 발암물질로 지정했다. 쾌적한 삶을 영위하기 위해 사용한
재료가 삶을 위협하는 재료였다는 것을 당시에는 그 누구도 알지 못했다. 1897년
미국의 화공기술자인 C.C.홀 Charles Corydon Hall은 암면을 처음으로 생산했다.
암면은 안산암, 현무암 등의 암석이나 니켈, 슬래그 등에 석회석을 섞은 것을 원료로
하는 인공유기섬유의 일종으로, 암석을 1500~ 1600도 이상의 고열로 용융한 뒤
원심력과 공기압 원리를 통해 가느다란 실처럼 뽑아내어 섬유 형태로 만든 것이다.
내화성이 우수하며 열전도율은 낮아 석면을 대체하는 건축자재로 많이 활용됐다.

건축 단열재의 생산

건물용 단열재는 유리섬유가 제조되기 시작하면서 본격적으로 발전했다.
유리섬유는 고대 이집트에서 뜨거운 유리로부터 섬유를 뽑아 용기 장식으로
사용한 것이 그 기원이다. 유리섬유 단열재를 만드는 현대적 기술은 1931년도에
개발됐는데, 녹인 유리를 조그만 가온 노즐을 통해 고속 분사하여 길고 가느다란
섬유를 뽑아냈다. 가늘수록 인장강도는 강하고 열전도율은 낮아지기 때문에, 최대한
가늘게 만들어내는 것이 중요했다. 이렇게 뽑아낸 가느다란 섬유를 솜 형태로 만든
것이 바로 유리섬유 단열재인 그라스울이다. 그라스울은 뛰어난 단열성은 물론
가늘고 유연해 재단이 쉬워 시공성이 우수하다는 여러 장점으로 현재까지도 미국과
일본, 캐나다, 유럽 등 주요 국가에서 보온과 단열, 흡음재로 널리 쓰이고 있다.

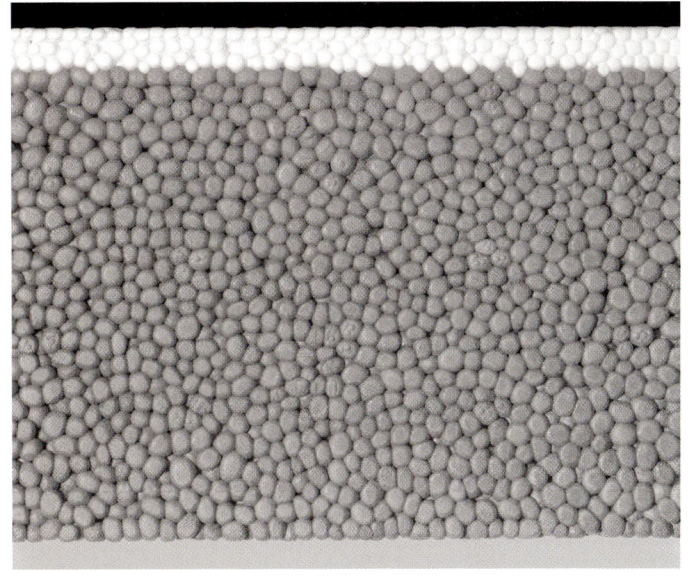

우리나라는 1960년대 후반부터 생산 및 공급하기 시작했고, 현재 벽산과
KCC, LX 하우시스 등의 기업에서 다양한 제품이 생산된다. 한편 미국 유리병
제조회사인 오웬스 일리노이Owens-Illinois에 의해 개발된 유리섬유는 1949년
독점 판매금지법이 제정될 때까지 해당 업체에서 독점 생산 공급했다. 이 업체가
지금까지 아이폰의 디스플레이를 감싸고 있는 강화유리 '고릴라글라스'를 제작하는
코닝Corning 사다.

자료제공
· 우드케어 https://woodcare.tistory.com/

참고문헌
· 권영철, [그린빌딩을 위한 고효율 단열재], 2009

단열재의 기능적 발전

기술이 발전하고 보다 나은 생활 환경에 대한 요구가 늘어남에 따라, 점차 다양한 재료가 개발되어 상용화되기 시작했다. 오늘날 가장 보편적으로 사용되는 스티로폼 단열재는 1940년대 미국의 화학기업인 다우케미컬에 의해 개발된 후 다양한 제법을 통해 상업화됐다. 이 단열재는 높은 내흡수성을 지녀 처음에는 구명조끼나 보트 등에 주로 사용됐다. 이후 우수한 단열 성능이 알려지며 냉동창고의 바닥, 벽체, 파이프 단열재 등으로 사용되다가 1950년대에 들어서 상업 및 주거 건물의 단열재로 사용 범위가 확장됐다. 독일의 최대 종합화학회사인 바스프BASF사에서 1952년 스티로폼을 특허 상표명으로 생산한 것을 시작으로 이후 전 세계적으로 파급됐는데, 특허 상표명인 스티로폼은 포장 및 단열재 시장에서 하나의 고유명사가 됐을 정도로 우리에게도 친숙하다. 스티로폼은 '비드'라는 알갱이를 발포시켜 만든 것으로, 발포폴리스티렌EPS, expanded polystyrene이 정식 명칭이다. 「GARM 15 플라스틱」참고)

현황과 미래

단열재는 원료의 종류와 형태, 사용 온도 등 다양한 기준에 따라 분류할 수 있는데, 원료에 따른 분류가 일반적이다. 현재 국내 시장에 공급되고 있는 단열재로는 스티로폼, 우레탄, 페놀폼 등 유기계 단열재와 그라스울, 미네랄울 등 무기계 단열재 등이 있다. 석유화학 원료를 사용하는 유기계 단열재의 경우 화재에 취약하고 많은 오염물질을 포함하고 있어 생산 및 폐기 과정에서 여러 문제점을 드러내고 있으며, 무기계 단열재의 경우 내화성은 뛰어나지만 단열 성능 및 시공성이 좋지 않은 단점을 가지고 있다. 국내에서 종종 발생하는 대형 화재와 환경 이슈로 인해 무기계 단열재의 사용을 장려하는 방향으로 정부 정책이 변화하는 추세지만, 우리나라의 무기계 단열재 사용 비중은 약 35%로 선진국의 평균 66%에 비해 훨씬 미치지 못하는 실정이다.(2023 중소기업 기술국산화 전략품목 상세분석_ 미래소재, 중소벤처기업부)

2019년 로스앤젤레스 캘리포니아대(UCLA) 연구팀은 국제학술지인 「사이언스science」를 통해 영하 200도의 극저온부터 영상 1400도의 초고온까지 급격한 온도 변화에도 파괴되지 않는 초강력 세라믹 단열재의 개발을 발표했는데, 에어로젤의 내부 구조를 마치 건축물처럼 설계하는 방법으로 만들어 열 차폐 능력을 한층 높이는 데 성공했다. 또한 싱가포르 국립대학은 재활용 플라스틱 페트병으로 미세 섬유를 만들어 섭씨 620도의 고온을 견디는 페트-에어로젤을 개발했다. 미국의 우주왕복선 컬럼비아호를 위해 개발된 실리카타일은 고순도의 실리카 섬유를 풀로 굳혀 고온으로 열처리해 만든 것이다. 이렇듯 최근의 단열은 건물 내부의 온도 조절뿐 아니라 에너지 소비 감소에 도움을 주는 것은 물론, 미래와 첨단 우주 산업에도 영향을 미치는 주요 산업이다. 에너지 효율 및 지속 가능성에 대한 수요가 증가함에 따라 업계에서는 단열 성능을 향상시킬 수 있는 새롭고 혁신적인 방법을 지속해서 모색 중이다.

단열을 이해하기 위한 용어들

단열(斷 끊을 단, 熱 더울 열)은 한자 그대로 열의 이동을 끊어내는 것이다. 건축에서 단열은
겨울철 따뜻한 실내 공기가 밖으로 나가지 않게 하고, 여름에는 뜨거운 실외 열기가 안으로
들어오지 않게 하는 일이다. 건축과 이와 관련된 자재 산업 등은 20세기부터 냉난방
시스템과 완전히 밀착되면서 쾌적함을 뺏기지 않는 방향으로 흘러갔다. 단열을 보다 더 깊게
이해하려면, 그 전에 기본적으로 숙지하면 좋을 용어들이 있다.

-

글 공수연

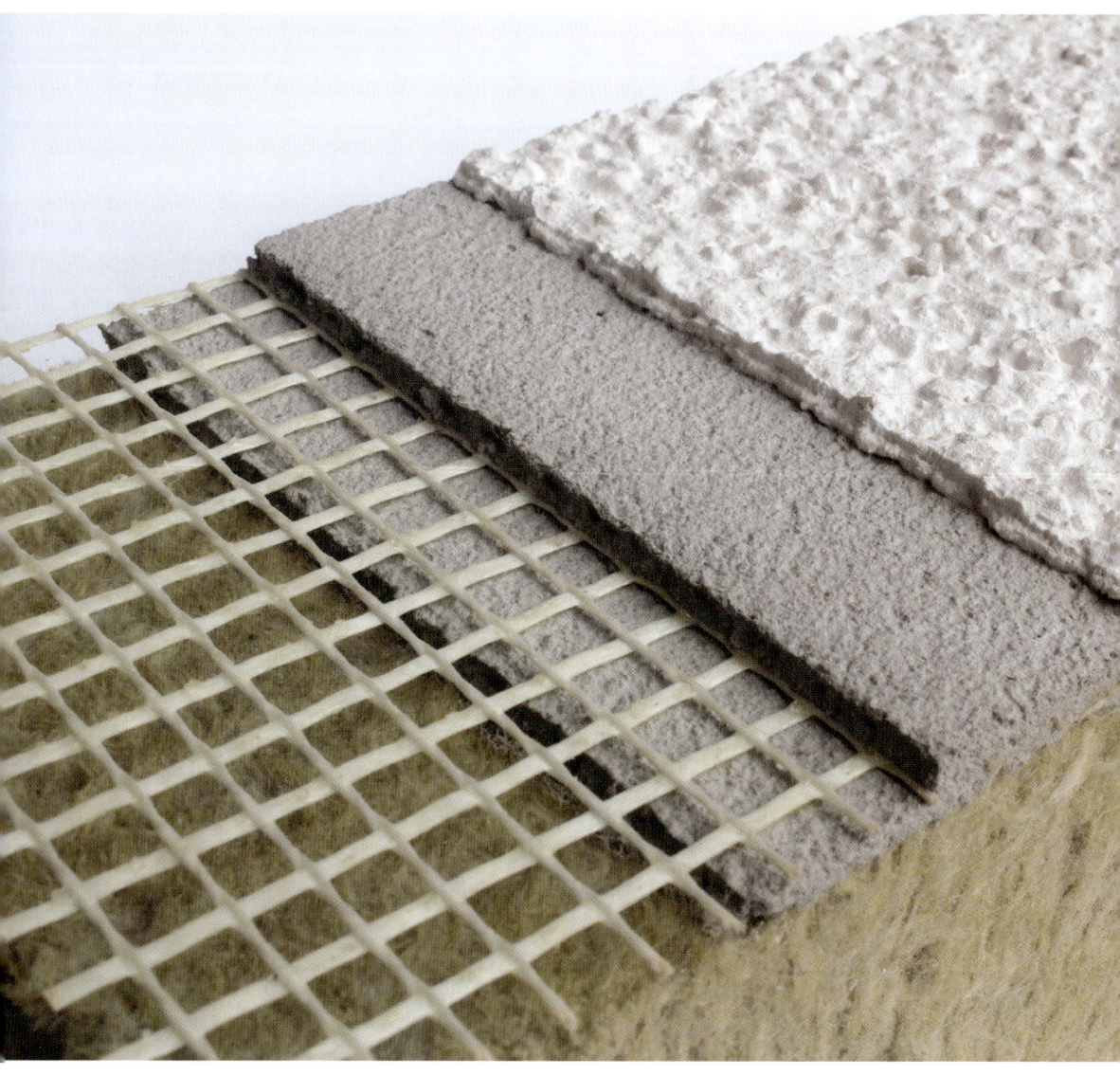

열전달의 종류

전도

온도가 다른 물체 또는 온도가 같은 물체라도 부분적으로 온도 차가 있을 때, 열이 고온부에서 저온부로 흘러간다. 고체 물질에서 이뤄지는 게 보통이지만 정지된 액체나 가스 형태에서도 일어난다. 쇠막대기 한쪽 끝을 열로 가하면 열이 뜨거운 곳에서 차가운 곳으로 이동하는 게 대표 예다.

대류

기체나 액체 내에서 일어나는 열전달 방법이다. 더운 공기/액체는 위로 올라가고 찬 공기/액체는 아래로 내려간다. 일례로 라디에이터에 의해 데워진 공기는 상승하고, 식으면 다시 하강 후 라디에이터에 의해 다시 데워져 상승하는 순환을 거듭한다. 단열재에서 대류를 통한 열전달은 재료의 입자 크기가 작을수록 적다. 고체인 사물이나 진공상태에서는 대류가 일어나지 않는다.

복사

전도나 대류와 달리, 열원과 접촉하지 않고도 열이 이동할 수 있다. 열전달의 세 방법(전도, 대류, 복사) 중에서 가장 전달 속도가 빠르다. 물체마다 열을 방출하기도 혹은 흡수, 분산시키기도 한다. 물체의 밀도가 높을수록 복사로 인한 열전달이 제한된다.

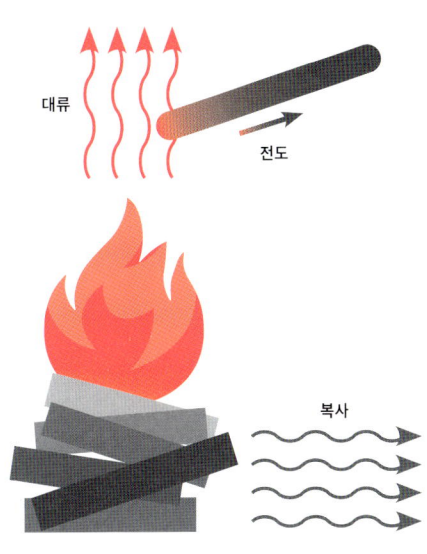

열전달의 종류

열환경 관련

열전도율

물체가 가진 고유한 열전도 성질을 수치화한 값이다. 국제적으로 W/mk라는 단위를 쓰지만 kcal/mh℃로 표기하기도 한다. W/mk는 단위 두께를 가진 물질이 일정한 온도 차이에 따라 단위 시간당 전달할 수 있는 열의 양을 나타낸다. 즉 열전도율이 1W/mk라는 말은 물체의 두께가 1m고 물체 앞뒤 '표면'의 온도 차가 1k(절대온도)일 때 초당 1W의 열을 전달한다는 뜻이다. 따라서 단열재의 열전도율이 낮을수록 단열이 잘 된다.

열관류율

물체의 앞뒤 표면이 아닌 앞뒤 '공기층'의 온도 차가 1k이고 면적이 1m²일 때, 단위 시간당 전달되는 열의 양이다. '열전도율÷두께=열관류율'이며 단위는 W/m²k이다. 이 역시 값이 낮을수록 단열 성능이 높다.

열저항

열전달을 방해하는 수치다. 열관류율의 역수가 열저항 값이 된다. 따라서 값이 높을수록 단열 성능이 높다는 의미다.

열교

영어로 'thermal bridge'라고 하며, 열이 이동할 수 있는 통로(다리)를 통해 고온부에서 저온부로 전달되는 현상을 말한다. 창호 주위, 외부 발코니와 같이 건물의 단열이 약화되거나 끊기는 부위에서 주로 발생한다. 단열 성능을 저하해 에너지 손실을 증가시키며, 결로의 원인이 되기도 한다. 발생 원인에 따라 재료적 열교, 기하학적 열교(구조적 열교)로 구분되고, 발생 형태에 따라 선형 열교와 점형 열교로 구분된다.

열교차단

열교가 일어나는 부위에서 열 이동을 막는 일이다. 열교차단 제품을 통해 달성되는데 대부분이 해외에서 제조된다. 국산 열교차단재는 2010년대 후반부터 생산을 시작했다.

난방/냉방 부하

난방/냉방 시 필요한 공급 열량을 의미한다. 난방 부하는 틈새바람, 환기, 그리고 벽체와 지붕 등을 통한 손실 열량을 고려해야 한다. 냉방 부하는 실내의 조명, 인체, 기기 등에서 발생하는 열기, 환기 등을 통한 취득 열량을 고려해야 한다.

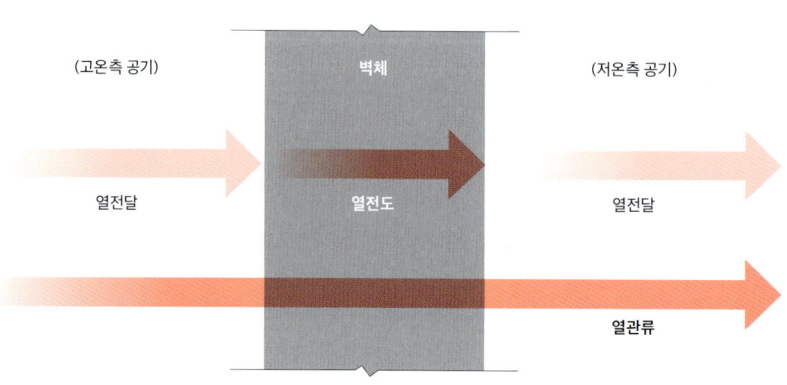

열전도와 열관류

습환경 관련

이슬점

대기 온도가 낮아져 수증기가 물로 응결할 때의 온도로, 노점과 같은 말이다. 단열 계획 시 이슬점 온도를 파악하면 결로를 예방하는 데 도움이 된다. 이슬점 산출표는 아래 표와 같고, 다음과 같이 읽는다. 실내의 대기 온도가 20도이고 상대습도가 60%면 이슬점은 11.9도다. 즉 표면 온도가 11.9도 이하인 곳에서 결로 발생을 예상할 수 있다.

이슬점 산출표

상대습도	대기온도(℃)									
(%)	-5	0	5	10	15	20	25	30	35	40
90	-6.5	-1.3	3.5	8.2	13.3	18.3	23.2	28.0	33.0	38.2
85	-7.2	-2.0	2.3	7.3	12.5	17.4	22.1	27.0	32.0	37.1
80	-7.7	-2.8	1.9	6.5	11.6	16.5	21.0	25.9	31.0	36.2
75	-8.4	-3.6	0.9	5.6	10.4	15.4	19.9	24.7	29.6	34.5
70	-9.2	-4.5	0.2	4.5	9.1	14.2	18.6	23.3	28.1	33.5
65	-10.0	-5.4	-1.0	3.3	8.0	13.0	17.4	22.0	26.8	32.0
60	-10.8	-6.5	-2.1	2.3	6.7	11.9	16.2	20.6	25.3	30.5
55	-11.6	-7.4	-3.2	1.0	5.6	10.4	14.8	19.1	23.9	38.9
50	-12.8	-8.4	-4.4	-0.3	4.1	8.6	13.3	17.5	22.2	27.1
45	-14.3	-9.6	-5.7	-1.5	2.6	7.0	11.7	16.0	20.2	25.2
40	-15.9	-10.8	-7.3	-3.1	0.9	5.4	9.5	14.0	18.2	23.0
35	-17.5	-12.1	-8.6	-4.7	-0.8	3.4	7.4	12.0	16.1	20.6
30	-19.0	-14.3	-10.2	-6.9	-2.9	1.3	5.2	9.2	13.7	18.0

결로

수증기를 함유한 공기가 이슬점 이하로 냉각될 때, 공기 속 수증기가 이슬로 맺히는 현상이다. 실내외 온도 차가 크거나 내부 습도가 높을 때 발생한다. 원인은 환기 부족이나 냉난방 방식 등에 따른 사용자에 의한 것, 혹은 건축자재 특성이나 열교처럼 건축물에 의한 것으로 나뉜다. 결로가 주는 피해는 결로수로 인한 오염 및 손상, 곰팡이 발생, 마감재 박리 등이 있다.

표면 결로

실내 공간을 이루는 건축 요소(벽, 천장, 바닥, 기둥 등)의 표면 온도가 실내 온도보다 낮을 경우 건축 요소의 표면에 이슬이 맺힌다. 대체로 낮은 단열성이 주 원인이다.

내부 결로

표면이 아닌 구조체 내부에 결로가 생긴다. 구조체의 단열성이 낮을 뿐만 아니라 습기를 막는 기능(투습 저항)이 떨어져 발생한다. 내부 결로는 표면 결로보다 문제를 해결하기가 더 까다롭다.

기밀

건물 틈새로 공기나 물이 새지 않도록 밀폐하는 것을 가리킨다. 아무리 성능이 우수하고 두꺼운 단열재를 쓰더라도 건물이 기밀하지 않으면 외풍이 들게 마련이다. 뿐만 아니라 습기(물)를 막지 못해 구조체에 내부 결로를 유발할 수 있어 건물 수명에 악영향을 끼친다.

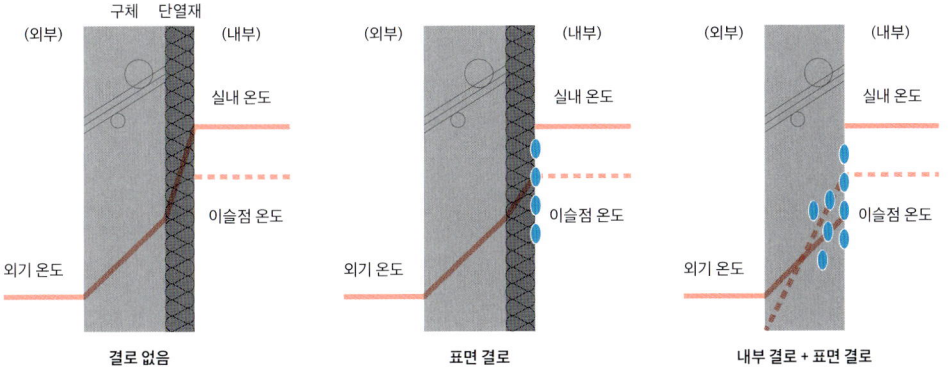

결로의 종류(내단열)

단열과 법

단열재의 등급 분류

「건축물의 에너지절약설계기준」은 단열재를 열전도율의 범위에 따라 네 등급(가~라)으로 구분한다.

· 단열재의 등급 분류 ·

등급 분류	열전도율의 범위(KS L 9016에 의한 20±5℃ 시험조건에서 열전도율)		관련 표준	단열재 종류
	W/mK	kcal/mh℃		
가	0.034 이하	0.029 이하	KS M 3808	- 압출법 보온판 특호, 1호, 2호, 3호 - 비드법 보온판 2종 1호, 2호, 3호, 4호
			KS M 3809	- 경질우레탄폼 보온판 1종 1호, 2호, 3호 및 2종 1호, 2호, 3호
			KS L 9102	- 그라스울 보온판 48K, 64K, 80K, 96K, 120K
			KS M ISO 4898	- 페놀폼 1종A, II종A
			KS M 3871-1	- 분무식 중밀도 폴리우레탄폼 1종(A, B), 2종(A, B)
			KS F 5660	- 폴리에스테르 흡음 단열재 1급
			기타 단열재로서 열전도율이 0.034W/mK(0.029kcal/mh℃) 이하인 경우	
나	0.035 ~ 0.040	0.030 ~ 0.034	KS M 3808	- 비드법 보온판 1종 1호, 2호, 3호
			KS L 9102	- 미네랄울 보온판 1호, 2호, 3호 - 그라스울 보온판 24K, 32K, 40K
			KS M ISO 4898	- 페놀폼 1종B, II종B, III종A
			KS M 3871-1	- 분무식 중밀도 폴리우레탄폼 1종(C)
			KS F 5660	- 폴리에스테르 흡음 단열재 2급
			기타 단열재로서 열전도율이 0.035~0.040W/mK(0.030~0.034kcal/mh℃) 이하인 경우	
다	0.041 ~ 0.046	0.035 ~ 0.039	KS M 3808	- 비드법 보온판 1종 4호
			KS F 5660	- 폴리에스테르 흡음 단열재 3급
			기타 단열재로서 열전도율이 0.041~0.046W/mK(0.035~0.039kcal/mh℃) 이하인 경우	
라	0.047 ~ 0.051	0.040 ~ 0.044	기타 단열재로서 열전도율이 0.047~0.051W/mK(0.040~0.044kcal/mh℃) 이하인 경우	

※ 단열재의 등급 분류는 단열재의 열전도율의 범위에 따라 등급을 분류한다.

단열은 제도적으로 최소한의 성능을 보호받는다. 「건축물의 에너지절약설계기준」은 2018년 9월에 대폭 개정되며 단열 두께와 열관류율 기준을 높였다. 지역 구분도 기후 특성을 반영해 세 개 권역에서 네 개로 세분화했다. 2022년 2월에는 「건축물의 피난·방화구조 등의 기준에 관한 규칙」 개정에 따라 단열재의 화재 성능 기준이 강화된 바 있다. 이번 장에서는 단열과 관련된 현행법을 소개한다.

글 공수연

지역 및 건축물 부위별 단열 기준

법적으로 요구되는 단열 성능은 지역마다 그리고 건축물 부위마다 달라진다. 「건축물의 에너지절약설계기준」 제2조 1항에 따르면, 단열 성능은 열관류율 혹은 단열재의 등급별 허용 두께 기준 중 하나를 준수하면 된다.

· 지역별 건축물 부위의 열관류율표 · (단위 : W/m²K)

건축물의 부위			지역 중부1지역[1]	중부2지역[2]	남부지역[3]	제주도
거실의 외벽	외기에 직접 면하는 경우	공동주택	0.150 이하	0.170 이하	0.220 이하	0.290 이하
		공동주택 외	0.170 이하	0.240 이하	0.320 이하	0.410 이하
	외기에 간접 면하는 경우	공동주택	0.210 이하	0.240 이하	0.310 이하	0.410 이하
		공동주택 외	0.240 이하	0.340 이하	0.450 이하	0.560 이하
최상층에 있는 거실의 반자 또는 지붕	외기에 직접 면하는 경우		0.150 이하		0.180 이하	0.250 이하
	외기에 간접 면하는 경우		0.210 이하		0.260 이하	0.350 이하
최하층에 있는 거실의 바닥	외기에 직접 면하는 경우	바닥난방인 경우	0.150 이하	0.170 이하	0.220 이하	0.290 이하
		바닥난방이 아닌 경우	0.170 이하	0.200 이하	0.250 이하	0.330 이하
	외기에 간접 면하는 경우	바닥난방인 경우	0.210 이하	0.240 이하	0.310 이하	0.410 이하
		바닥난방이 아닌 경우	0.240 이하	0.290 이하	0.350 이하	0.470 이하
바닥난방인 층간바닥			0.810 이하			
창 및 문	외기에 직접 면하는 경우	공동주택	0.900 이하	1.000 이하	1.200 이하	1.600 이하
		공동주택 외 창	1.300 이하	1.500 이하	1.800 이하	2.200 이하
		공동주택 외 문	1.500 이하			
	외기에 간접 면하는 경우	공동주택	1.300 이하	1.500 이하	1.700 이하	2.000 이하
		공동주택 외 창	1.600 이하	1.900 이하	2.200 이하	2.800 이하
		공동주택 외 문	1.900 이하			
공동주택 세대현관문 및 방화문	외기에 직접 면하는 경우 방화문		1.400 이하			
	외기에 간접 면하는 경우		1.800 이하			

1) 중부1지역 : 강원도(고성, 속초, 양양, 강릉, 동해, 삼척 제외), 경기도(연천, 포천, 가평, 남양주, 의정부, 양주, 동두천, 파주), 충청북도(제천), 경상북도(봉화, 청송)
2) 중부2지역 : 서울특별시, 대전광역시, 세종특별자치시, 인천광역시, 강원도(고성, 속초, 양양, 강릉, 동해, 삼척), 경기도(연천, 포천, 가평, 남양주, 의정부, 양주, 동두천, 파주 제외), 충청북도(제천 제외), 충청남도, 경상북도(봉화, 청송, 울진, 영덕, 포항, 경주, 청도, 경산 제외), 전라북도, 경상남도(거창, 함양)
3) 남부지역 : 부산광역시, 대구광역시, 울산광역시, 광주광역시, 전라남도, 경상북도(울진, 영덕, 포항, 경주, 청도, 경산), 경상남도(거창, 함양 제외)

· 단열재의 두께 · (단위 : mm)

중부1지역[1]

건축물의 부위		단열재의 등급	단열재 등급별 허용 두께			
			가	나	다	라
거실의 외벽	외기에 직접 면하는 경우	공동주택	220	255	295	325
		공동주택 외	190	225	260	285
	외기에 간접 면하는 경우	공동주택	150	180	205	225
		공동주택 외	130	155	175	195
최상층에 있는 거실의 반자 또는 지붕	외기에 직접 면하는 경우		220	260	295	330
	외기에 간접 면하는 경우		155	180	205	230
최하층에 있는 거실의 바닥	외기에 직접 면하는 경우	바닥난방인 경우	215	250	290	320
		바닥난방이 아닌 경우	195	230	265	290
	외기에 간접 면하는 경우	바닥난방인 경우	145	170	195	220
		바닥난방이 아닌 경우	135	155	180	200
바닥난방인 층간바닥			30	35	45	50

중부2지역[2]

건축물의 부위		단열재의 등급	단열재 등급별 허용 두께			
			가	나	다	라
거실의 외벽	외기에 직접 면하는 경우	공동주택	190	225	260	285
		공동주택 외	135	155	180	200
	외기에 간접 면하는 경우	공동주택	130	155	175	195
		공동주택 외	90	105	120	135
최상층에 있는 거실의 반자 또는 지붕	외기에 직접 면하는 경우		220	260	295	330
	외기에 간접 면하는 경우		155	180	205	230
최하층에 있는 거실의 바닥	외기에 직접 면하는 경우	바닥난방인 경우	190	220	255	280
		바닥난방이 아닌 경우	165	195	220	245
	외기에 간접 면하는 경우	바닥난방인 경우	125	150	170	185
		바닥난방이 아닌 경우	110	125	145	160
바닥난방인 층간바닥			30	35	45	50

· 단열재의 두께 ·   (단위 : mm)

남부지역[3)]

건축물의 부위		단열재의 등급	단열재 등급별 허용 두께			
			가	나	다	라
거실의 외벽	외기에 직접 면하는 경우	공동주택	145	170	200	220
		공동주택 외	100	115	130	145
	외기에 간접 면하는 경우	공동주택	100	115	135	150
		공동주택 외	65	75	90	95
최상층에 있는 거실의 반자 또는 지붕	외기에 직접 면하는 경우		180	215	245	270
	외기에 간접 면하는 경우		120	145	165	180
최하층에 있는 거실의 바닥	외기에 직접 면하는 경우	바닥난방인 경우	140	165	190	210
		바닥난방이 아닌 경우	130	155	175	195
	외기에 간접 면하는 경우	바닥난방인 경우	95	110	125	140
		바닥난방이 아닌 경우	90	105	120	130
바닥난방인 층간바닥			30	35	45	50

제주도

건축물의 부위		단열재의 등급	단열재 등급별 허용 두께			
			가	나	다	라
거실의 외벽	외기에 직접 면하는 경우	공동주택	110	130	145	165
		공동주택 외	75	90	100	110
	외기에 간접 면하는 경우	공동주택	75	85	100	110
		공동주택 외	50	60	70	75
최상층에 있는 거실의 반자 또는 지붕	외기에 직접 면하는 경우		130	150	175	190
	외기에 간접 면하는 경우		90	105	120	130
최하층에 있는 거실의 바닥	외기에 직접 면하는 경우	바닥난방인 경우	105	125	140	155
		바닥난방이 아닌 경우	100	115	130	145
	외기에 간접 면하는 경우	바닥난방인 경우	65	80	90	100
		바닥난방이 아닌 경우	65	75	85	95
바닥난방인 층간바닥			30	35	45	50

1) 중부1지역 : 강원도(고성, 속초, 양양, 강릉, 동해, 삼척 제외), 경기도(연천, 포천, 가평, 남양주, 의정부, 양주, 동두천, 파주), 충청북도(제천), 경상북도(봉화, 청송)
2) 중부2지역 : 서울특별시, 대전광역시, 세종특별자치시, 인천광역시, 강원도(고성, 속초, 양양, 강릉, 동해, 삼척), 경기도(연천, 포천, 가평, 남양주, 의정부, 양주, 동두천, 파주 제외), 충청북도(제천 제외), 충청남도, 경상북도(봉화, 청송, 울진, 영덕, 포항, 경주, 청도, 경산 제외), 전라북도, 경상남도(거창, 함양)
3) 남부지역 : 부산광역시, 대구광역시, 울산광역시, 광주광역시, 전라남도, 경상북도(울진, 영덕, 포항, 경주, 청도, 경산), 경상남도(거창, 함양 제외)

창 및 문의 단열 기준

창호 역시 지켜야 하는 단열 성능이 있다. 창 및 문의 종류에 따라, 틀의 재료 등에 따라 열관류율 기준이 나뉜다.

· 창 및 문의 단열성능 ·

(단위 : W/m²K)

창 및 문의 종류			창틀 및 문틀의 종류별 열관류율								
			금속재						플라스틱 또는 목재		
			열교차단재1) 미적용			열교차단재 적용					
유리의 공기층 두께(mm)			6	12	16 이상	6	12	16 이상	6	12	16 이상
창	복층창	일반복층창2)	4.0	3.7	3.6	3.7	3.4	3.3	3.1	2.8	2.7
		로이유리(하드코팅)	3.6	3.1	2.9	3.3	2.8	2.6	2.7	2.3	2.1
		로이유리(소프트코팅)	3.5	2.9	2.7	3.2	2.6	2.4	2.6	2.1	1.9
		아르곤 주입	3.8	3.6	3.5	3.5	3.3	3.2	2.9	2.7	2.6
		아르곤 주입+로이유리(하드코팅)	3.3	2.9	2.8	3.0	2.6	2.5	2.5	2.1	2.0
		아르곤 주입+로이유리(소프트코팅)	3.2	2.7	2.6	2.9	2.4	2.3	2.3	1.9	1.8
	삼중창	일반삼중창2)	3.2	2.9	2.8	2.9	2.6	2.5	2.4	2.1	2.0
		로이유리(하드코팅)	2.9	2.4	2.3	2.6	2.1	2.0	2.1	1.7	1.6
		로이유리(소프트코팅)	2.8	2.3	2.2	2.5	2.0	1.9	2.0	1.6	1.5
		아르곤 주입	3.1	2.8	2.7	2.8	2.5	2.4	2.2	2.0	1.9
		아르곤 주입+로이유리(하드코팅)	2.6	2.3	2.2	2.3	2.0	1.9	1.9	1.6	1.5
		아르곤 주입+로이유리(소프트코팅)	2.5	2.2	2.1	2.2	1.9	1.8	1.8	1.5	1.4
	사중창	일반사중창2)	2.8	2.5	2.4	2.5	2.2	2.1	2.1	1.8	1.7
		로이유리(하드코팅)	2.5	2.1	2.0	2.2	1.8	1.7	1.8	1.5	1.4
		로이유리(소프트코팅)	2.4	2.0	1.9	2.1	1.7	1.6	1.7	1.4	1.3
		아르곤 주입	2.7	2.5	2.4	2.4	2.2	2.1	1.9	1.7	1.6
		아르곤 주입+로이유리(하드코팅)	2.3	2.0	1.9	2.0	1.7	1.6	1.6	1.4	1.3
		아르곤 주입+로이유리(소프트코팅)	2.2	1.9	1.8	1.9	1.6	1.5	1.5	1.3	1.2
	단창		6.6			6.10			5.30		
문	일반문	단열 두께 20mm 미만	2.70			2.60			2.40		
		단열 두께 20mm 이상	1.80			1.70			1.60		
	유리문	유리비율3) 50%미만	4.20			4.00			3.70		
		유리비율 50%이상	5.50			5.20			4.70		
		유리비율 50%미만	3.20	3.10	3.00	3.00	2.90	2.80	2.70	2.60	2.50
		유리비율 50%이상	3.80	3.50	3.40	3.30	3.10	3.00	3.00	2.80	2.70

1) 열교차단재라 함은 창 및 문의 금속프레임 외부 및 내부 사이에 설치되는 폴리염화비닐 등 단열성을 가진 재료로서 외부로의 열흐름을 차단할 수 있는 재료를 말한다.
2) 복층창은 단창+단창, 삼중창은 단창+복층창, 사중창은 복층창+복층창을 포함한다.
3) 문의 유리비율은 문 및 문틀을 포함한 면적에 대한 유리면적의 비율을 말한다.
※ 창 및 문을 구성하는 각 유리의 공기층 두께가 서로 다를 경우 그중 최소 공기층 두께를 해당 창 및 문의 공기층 두께로 인정하며, 단창+단창, 단창+복층창의 공기층 두께는 6mm로 인정한다.
※ 창 및 문을 구성하는 각 유리의 창틀 및 문틀이 서로 다를 경우에는 열관류율이 높은 값을 인정한다.
※ 복층창, 삼중창, 사중창의 경우 한 면만 로이유리를 사용한 경우, 로이유리를 적용한 것으로 인정한다.
※ 삼중창, 사중창의 경우 하나의 창 및 문에 아르곤을 주입한 경우, 아르곤을 적용한 것으로 인정한다.

단열재의 불연성 기준

「건축물의 피난·방화구조 등의 기준에 관한 규칙」제24조에서는 건축 용도와 부위에 따라 마감재료와 단열재의 불연성 기준을 정하고 있다. 아래 항목 외 상세 및 예외 사항은 직접 살펴보길 권한다.

거실 벽과 반자의 '실내'에 접할 때 '불연재료, 준불연재료 또는 난연재료'를 써야하는 경우(제24조 1항)

· 단독주택 중 다중주택·다가구주택
· 공동주택
· 제2종 근린생활시설 중 공연장·종교집회장·인터넷컴퓨터 게임시설제공업소·학원·독서실·당구장·다중생활시설의 용도로 쓰는 건축물
· 발전시설, 방송통신시설(방송국·촬영소의 용도로 쓰는 건축물로 한정한다)
· 공장, 창고시설, 위험물 저장 및 처리 시설(자가난방과 자가발전 등의 용도로 쓰는 시설을 포함한다), 자동차 관련 시설의 용도로 쓰는 건축물
· 5층 이상인 층 거실의 바닥면적의 합계가 500m² 이상인 건축물
· 문화 및 집회시설, 종교시설, 판매시설, 운수시설, 의료시설, 교육연구시설 중 학교·학원, 노유자시설, 수련시설, 업무시설 중 오피스텔, 숙박시설, 위락시설, 장례시설
· 「다중이용업소의 안전관리에 관한 특별법 시행령」제2조에 따른 다중이용업의 용도로 쓰는 건축물

건축물 '외벽'의 단열재료에 '불연재료 또는 준불연재료'를 써야하는 경우(제24조 6항)

· 상업지역(근린상업지역은 제외)의 건축물로서 다음 각 목의 어느 하나에 해당하는 것
  가. 제1종 근린생활시설, 제2종 근린생활시설, 문화 및 집회시설, 종교시설, 판매시설, 운동시설 및 위락시설의 용도로 쓰는 건축물로서 그 용도로 쓰는 바닥면적의 합계가 2천m² 이상인 건축물
  나. 공장(국토교통부령으로 정하는 화재 위험이 적은 공장은 제외)의 용도로 쓰는 건축물로부터 6m 이내에 위치한 건축물
· 의료시설, 교육연구시설, 노유자시설 및 수련시설의 용도로 쓰는 건축물
· 3층 이상 또는 높이 9m 이상인 건축물

Method

단열의
종류와 방식

단열의 종류와 방식은 건축물에 단열재를 설치하는 위치에 따라, 건축물의 구조에 따라, 부위에 따라 달라질 수 있다. 기본적인 단열의 종류에 대한 개념과 그에 따르는 시공 방식을 함께 살펴본다.

-

글 박세미

외단열과 내단열

건축물에 단열재를 설치하는 위치에 따라 단열 방식을 내단열과 외단열로 나눌 수 있다.

벽체를 기준으로 단열재를 외부에 면하도록 설치하면 외단열, 내부에 면하도록 설치하면 내단열이 된다. 실온의 변동, 열교, 표면 결로, 내부 결로 등 여러 측면에서 장단점이 있어, 건축물에 적합한 단열 방식을 사용하는 것이 필요하다. 외단열과 내단열은 실온 변동, 열교 차이, 표면 결로, 내부 결로, 난방 부하, 냉방 부하 면에서 다음과 같은 차이를 가진다.

구분	외단열	내단열
실온 변동	실온 변동은 작다. 특히 난방 정지 시 온도 강하가 적다. 실내 측 구조체의 열용량이 작용해 실온의 변동을 방지하며 여름의 온도상승도 방지한다.	실온 변동은 외단열보다 크다. 특히 난방 정지 시의 온도 강하가 크다.
열교	온열교로 되기 때문에 피해가 발생하지 않는다. 열교 부분의 단열 보호 처리가 용이하다.	냉열교로 되기 때문에 국부결로 등이 발생한다. 열교 부분의 단열 보호 처리가 시공상이나 미관상 곤란한 때가 많다.
표면 결로	간헐 난방이 사용되고 있는 방에서는 난방 정지 시의 벽 표면 온도가 높고 최저 온도가 높기 때문에 결로되기 어렵다.	난방 정지 시의 실온이 낮고 벽 표면 온도가 더욱 낮아지기 때문에 결로하기 쉽다.
내부 결로	외장재의 종류에 따라 단열재와 외장재의 경계면이 결로하기 때문에 방습층을 설치하거나 환기를 시켜야 한다.	단열재의 실내측에 완전 방습층을 설치하지 않는 한 내부 결로를 방지할 수 없다.
난방 부하	일반 건축 구조상의 열교와 난방 정지 시의 콘크리트 축열을 생각하면 작아지는 경우가 많지만 그 차는 크지 않다.	집회장 등 사용 시간이 짧은 건물에는 유리하다. 강당과 집회소 등 단시간 난방에 적합하다.
냉방 부하	기본적으로 단열재의 위치에 의한 차는 거의 없다. 냉방일 경우는 야간에 외기를 도입해서 축랭하면 유리하다.	기본적으로 단열재 위치에 의한 차는 거의 없다. 야간에 차가운 공기를 도입하지 않을 때는 축열부하가 외단열보다 작아질 경우가 있다.

구조에 따른 단열 방식

열관류율은 재질과 건축물이 지어지는 위치에 따라 다른 값을 갖기 때문에, 건축물의 구조재에 따라 단열 시공 방식에 차이가 발생한다.

목조에서의 단열 방식[1]
목조는 열전도율이 낮은 나무를 사용하기 때문에 단열이 좋은 편이지만 건식 구조이기 때문에 벽체 자체는 기밀하지 못하다. 이렇게 예상치 못한 부분에서 열이 새지 않도록, 목조의 단열 중 가장 신경 쓰는 부분은 '기밀성'이다.

목조는 주로 스터드 구조로 시공한다. 단열재는 스터드 사이사이에 채워 넣는 형식이며, 그 위에 주로 석고보드를 올려 벽을 구성한다. 일반적으로 벽의 스터드는 2*4로 구성되며 16"[2] 또는 24"의 간격으로 배치하지만, 기후가 추워 두꺼운 단열재를 사용하여 단열성능을 높여야 하는 경우 2*6을 스터드로 사용할 수 있으며, 이 경우 스터드의 간격을 24"까지 사용할 수 있다. 이처럼 단열재의 두께를 고려해 목재의 두께와 너비를 맞춰 선정하는 것이 필요하다.

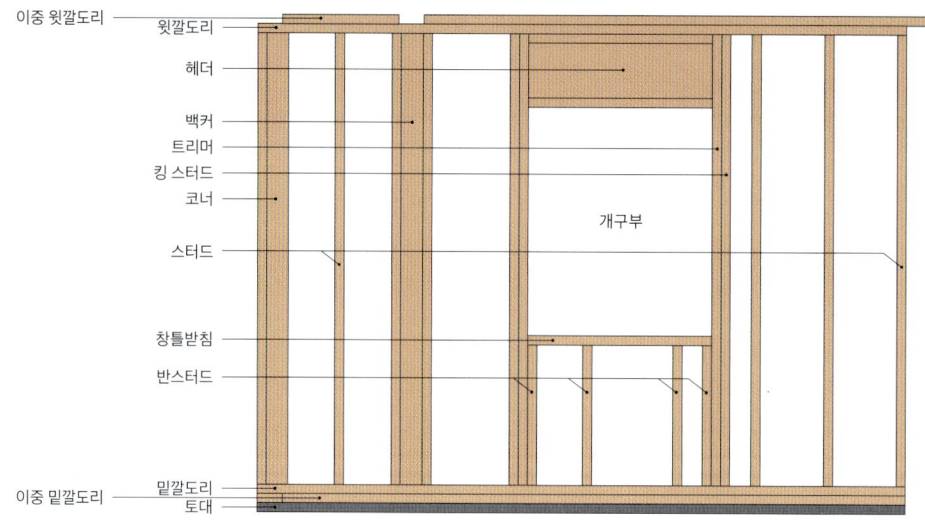

이중 윗깔도리 — 윗깔도리
헤더
백커
트리머
킹 스터드
코너
스터드
창틀받침
반스터드
이중 밑깔도리 — 밑깔도리
토대
개구부

목조의 스터드 구조

목재의 단열재를 선정할 때는 내화성을 고려해야 한다. 목재가 탄화되더라도 벽을 구성하는 틀에 판재가 기밀하게 부착되면 화재 차단재 역할을 할 수 있기 때문이다. 이러한 이유로 스터드 내부에 시공하는 단열재의 경우 불연성인 그라스울을 많이 사용한다.

최근 목조구조 설계 시에는 플랫폼 구조3)를 사용해 플랫폼으로 구성된 바닥 구조가 하층부와 상층부 벽체 사이에서 방화막으로 기능하도록 시공하기도 한다.

경량철골조에서의 단열

경량철골조 또한 목조와 비슷하게 스터드 구조로 시공한다. 철과 단열재의 열전달 능력은 약 1,500배 차이가 난다. 철 부분이 외기에 노출되는 것을 막는 것이 경량철골조뿐 아니라 철골조를 사용하는 건축물에서 공통적으로 고려해야 하는 사항이다. 따라서 각파이프를 주로 사용하는 경량철골조에서 단열은 중단열은 기본, 이에 내단열보다 외단열 혹은 샌드위치 패널이 더욱 효과적인 방법이 될 것이다.

철골조 또한 스터드 구조로 시공되기 때문에 기밀성이 우선 고려된다. 그런 까닭에 폴리우레탄폼과 같이 빈틈이 없도록 시공할 수 있는 단열재를 사용하는 것이 좋지만, 환경과 인체에 해로울 수 있고 화재 위험성이 있다는 것을 인지해야 한다. 또는 미네랄보드, 그라스울 보드를 단열재로 사용하며 기밀층을 만들어주는 방법도 생각해볼 수 있지만, 현재 이러한 방식으로 시공하는 곳은 드물다.

경량철골조에서의 단열재는 구조의 기밀성을 높여 내구성을 향상시키고 내구성에 영향을 줄 수 있는 온도, 습도, 태양복사, 전기화학적 요인을 일부 차단하는 역할을 도울 수 있다.

조적조에서의 단열

조적조는 가장 보편적으로 볼 수 있는 벽돌을 쌓아 만드는 방식으로, 벽돌구조, 블록구조, 돌구조로 세분된다. 조적조의 단열은 기본적으로 내단열과 외단열 두 종류 중 하나 혹은 혼합하여 사용한다. 중간에 공간을 두고 조적조를 쌓는 공간쌓기는 단열 성능에 도움을 주기도 한다.

경량기포 콘크리트 블록

최근에는 시멘트와 기포를 혼합시킨 경량기포 콘크리트를 활용해 조립식 단열블록을 개발하는 등 블록만으로도 단열이 가능한 다양한 재료가 개발되고 있다.

콘크리트조에서의 단열

콘크리트조는 벽체가 끊이지 않고 연결되어 다른 구조에 비해 축열 성능이 좋다는 점에서 단열 및 기밀에 유리하다. 콘크리트가 시공된 뒤 건조되기까지 2~3년이 걸리는 것을 고려했을 때, 투습 성능이 높은 무기질 단열재를 사용해 콘크리트의 수분이 지속해서 외부로 증발할 수 있도록 유도하는 것도 좋은 방법이다. 또한 무기질 단열재는 유기질 단열재보다 탄성이 있어 밀착되어 시공될 수 있다는 장점이 있다.

거푸집에 콘크리트를 부어 벽체를 만드는 콘크리트조는 주로 벽식 건축물에 해당한다. 즉 단열재를 시공할 때 벽체의 내부나 외부에 단열재를 부착하는 방식으로 시공이 이루어진다. 건조된 벽면에 단열재 및 보드를 화스너를 이용해 붙이는데, 서로 다른 재질이 만나는 부위인 만큼 열교현상이 발생하기도 한다. 이 외에도 칼블럭의 머리 부분을 플라스틱으로 만들거나 일체형으로 만들어 열손실을 줄이는 제품이 개발되기도 한다.

목조, 철골조, 조적조, 콘크리트조에서 벽체의 단열 구조를 간단히 살펴보면 다음과 같다.

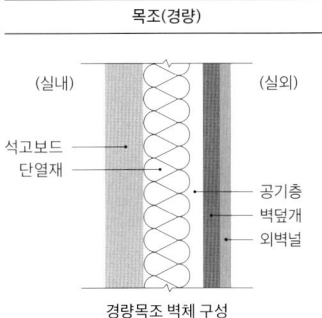

목조(경량)

(실내) / (실외)

석고보드
단열재

공기층
벽덮개
외벽널

경량목조 벽체 구성

지정 마감 – 석고보드 – 그라스울+스터드 – OSB – 방수지 – 외부 마감

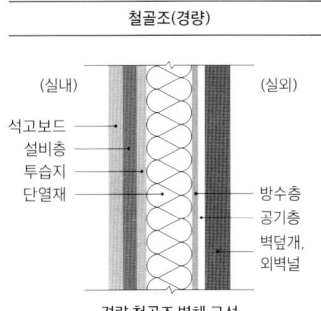

철골조(경량)

(실내) / (실외)

석고보드
설비층
투습지
단열재

방수층
공기층
벽덮개,
외벽널

경량 철골조 벽체 구성

지정 마감 – 석고보드 – 설비층 – 투습지 – 수성연질폼 등 단열재+스터드 – OBS 방수지 – 공기층 – 외부 마감

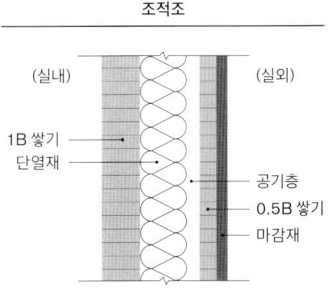

조적조

(실내) / (실외)

1B 쌓기
단열재

공기층
0.5B 쌓기
마감재

조적조 단열 구성

지정 마감 – 1.0B 쌓기 – 단열재(우레탄폼, 아이소핑크 등) – 방수지 – 공기층 – 0.5B 쌓기 – 외부 마감

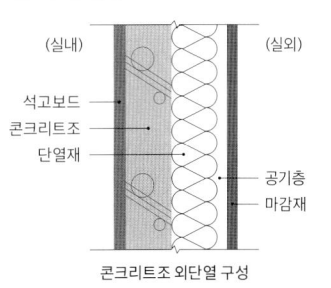

콘크리트조

(실내) / (실외)

석고보드
콘크리트조
단열재

공기층
마감재

콘크리트조 외단열 구성

지정 마감 – 콘크리트벽 – 단열재 – 방수지 – 공기층 – 마감

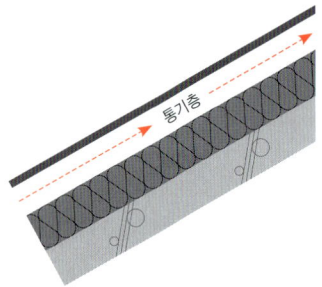

경사지붕의 통기층 ©phiko.kr

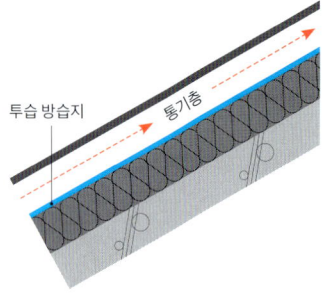

통기층 내부에 있는 단열재의 외기 노출
©phiko.kr

건물 부위별 단열

지붕에서의 단열(경사지붕)

지붕은 일사 에너지를 가장 많이 받는 부위인 만큼 단열이 중요하다. 겨울은 단열재로 버틸 수 있지만, 여름에는 그 표면의 온도가 상상을 초월할 정도로 올라가기 때문에 이 온도를 제대로 버티기 위해서는 단열재를 설치하는 것이 필요하다.

지붕의 형태는 크게 평지붕, 경사지붕으로 나눌 수 있다. 주로 콘크리트로 시공되는 경사지붕은 위에서 언급한 것과 같이 건조되는 데에 시간이 필요하고, 외단열의 특성상 증발의 방향이 내부측으로 진행되어야 하므로 골조의 건조에 많은 신경을 써야 한다. 이를 해결하는 방법으로, 무기질 단열재를 사용하거나 외부 통기 방식을 채택하는 경우가 많다.

처마에서 공기가 들어가서 용마루로 배출되어야 하는데, 기본적인 구성 개념을 그림으로 표현하면 위와 같다. 지붕의 경우 통기층의 두께는 최소 40(38)mm이어야 하고, 지붕의 경사가 25도 이하일 경우 최소 50mm가 되어야 한다. 다만, 기와 형식의 마감일 경우, 기와 사이사이로 이미 통기가 된다고 볼 수 있기 때문에 별도의 통기층은 없어도 된다. 이 통기층은 또한 단열재가 습기에 의해 피해가 생기는 것을 막아주는 역할도 한다.

통기층 내부에 있는 단열재를 외기 노출하는 방법도 있다. 다만, 유기질 단열재인 경질 폴리우레탄폼 등으로 단열재의 틈새를 완전히 메워줄 수 있고, 공사비가 부족하다면 단열재에 투습 방수지를 덮지 않아도 된다. 그러나, 유기질 단열재라 할지라도 기와 형식의 마감일 경우는 우수의 침투량이 많아 노출될 수 없다.

지붕 단열(평지붕)

평지붕의 경우 외단열을 하는 것이 유리하다. 방수와 더불어, 지붕 콘크리트의 축열을 막아 시원한 도시를 만들고, 구조체를 외기로부터 보호해 건물의 수명도 길어질 수 있다. 또한 신축의 경우, 콘크리트가 건조되는 데에 최소 1~2년이 소요되는 것을 고려했을 때 외단열은 콘크리트 건조 수분의 배출을 위한 길을 내부로 만들어줄 수 있는 유일한 방법이기도 하다. 하지만 시공 자체도 어렵지만 골조의 품질이 확보되지 않은 상태에서 단열재를 올리고 그 위에 방수를 한다는 것은 쉽지 않다.

이렇게 탄생한 것이 '역전지붕'이라 불리는 구조이다. 역전지붕은 단열과 방수가 역전된 형태로, 이용하고 있는 도막 방수 위에 쇄석 혹은 판석을 올리는 것이다. 가벼운 시트 방수 등이 태풍에 의해 날아갈 수 있기 때문에 쇄석을 올려 그 무게로 단열재를 잡아주는 역할을 한다.(『GARM 23 방수』 96쪽 참고)

창호에서의 단열

한국 건축 시장에서 창문과 문의 단열 성능은 중요한 고려 사항이다. 이러한 성능은 건물 내부의 열적 불편감을 최소화하고 냉기류(대류) 발생을 방지해 사용자의 편의성을 높이기 위함이다. 한국패시브건축협회에 따르면 창호의 단열 성능은 0.8W/m²K 이하로 유지되어야 하며, 이 기준을 충족했을 때 건물 내부의 안정성을 높이고 결로 등의 문제를 예방할 수 있다고 언급하고 있다.

창호의 단열은 주로 건축물의 에너지절약 설계기준과 친환경 주택의 건설 기준에 의해 영향을 받는다. 창호의 단열 성능을 높이기 위해서는 유리와 프레임의 열전달을 최소화하는 기술적인 해결책이 필수적이다.

그러나 한국의 건축 시장에서는 건축 법규의 변경과 시장 현실 사이에서 단열 성능을 충족하는 것이 쉽지 않다. 단독주택에 관여하는 기업과 개인은 강화된 법규를 주의 깊게 숙지하고, 현재의 건축 시장 상황을 면밀히 파악하여 이에 대비해야 한다. 결국 창호의 단열 성능을 높이기 위해서는 정확한 시공과 성능 평가가 필수적인 것이다.

평지붕 위 쇄석 처리

지하 및 기초에서의 단열

주택의 안정성과 내구성을 위해 지하 단열은 중요한 요소다. 지하는 주로 지상 아래에 위치한 벽을 보강해 주택 구조에 필수적인 역할을 한다. 지하는 주택 총 열 손실에 20%를 차지하는데, 지하실 창문과 기초 벽 상단으로부터 오는 열 손실이 가장 큰 비중을 차지하는 것으로 보인다. 지하를 이야기할 때, 기초도 빼놓을 수 없다.

가장 일반적인 유형의 건축은 지하실 전체가 기초로서 작용하는 유형으로, 지하실이 구조물을 지탱하는 형식이다. 지하의 형태에 따라 어떤 점을 고려해야 하는지 살펴보자.

콘크리트 기초

거의 모든 기초로 사용되는 콘크리트 기초는 1920년대 이후부터 사용되어 주로 콘크리트 블록의 형태로 시공되기도 했다. 일반적으로 외단열 시공되었으나 수리가 필요할 경우 내단열을 선택하기도 한다.

콘크리트는 많은 양의 수분을 포함하고 있기 때문에, 단열 작업을 시작하기 전 콘크리트가 충분히 건조되는 것이 좋다.

지하 구조물

지하실 단열은 크게 두 가지 방법이 있다. 외단열이 가장 이상적이지만, 경제적 및 실용적인 이유로 내단열을 선택하기도 한다. 두 가지 접근 방식 모두 장단점이 있기 때문에 어떤 것이 건축물에 더 적합할지 신중하게 검토해 보아야 한다.

내단열은 단열 보드와 드라이월, 중공벽과 단열, 또는 다른 단열재를 설치하는 방식으로 이루어진다. 내단열을 선택할 때는 습도, 습기 및 공기/수증기 차단재 필요 여부, 공간 사용 목적, 비용과 같은 여러 가지 요인을 고려하게 된다.

내부 단열의 장점은 지하실 마감 계획에 통합할 수 있으며, 연중 어느 때든 작업이 가능하다는 점이다. 그러나 내부 단열로 인해 기초 벽의 온도가 올라갈 수 있고, 습한 공기가 차가운 벽과 접촉하면 응축될 수 있어 결로가 발생할 수 있다. 또한, 전기 패널, 배선, 배관, 계단 등으로 작업 난이도가 올라갈 수 있다.

지하 외단열은 기초나 지하 구조물 주변의 땅을 파고 방수 처리한 뒤 단열재를 설치하는 방식이다. 외부 벽은 연속성이 더 좋아 열교 발생율이 적어 단열하기에 용이하다. 땅을 드러내고 작업하기 때문에 습기 또는 구조적 문제를 확인하고 수정할 수 있다는 장점이 있다. 그러나 땅을 파는 과정이 어렵고 위험할 수 있으며, 굴토로 인해 겨울철에는 시공이 어려울 수 있다는 문제가 있다. 또한 작업할 수 있는 공간이 확보되어야 하고, 내단열에 비해 비용이 많이 든다.

내단열, 외단열의 선택은 각각의 상황과 요구 사항에 따라 다를 수 있으며, 효과적인 단열 방법을 결정하기 위해서는 주변 환경과 건축 구조에 대해 고려한 뒤 결정해야 한다.

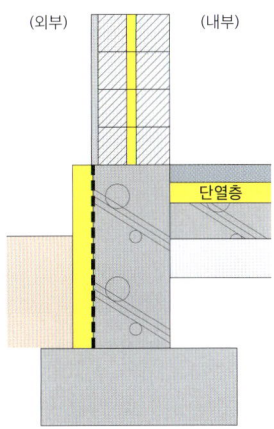

기초벽 외단열

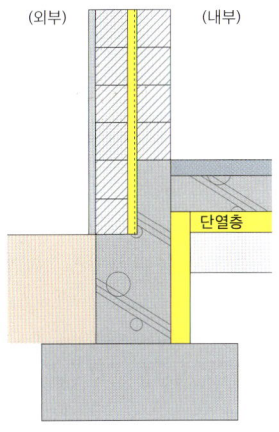

기초벽 내단열

열교 발생 원인과 최소화 계획

열교는 건물 내에서 단열재가 끊기거나 손상된 부분, 또는 이질 재료가 단열재를 통과하는 부분에서 발생하는 열적인 문제를 말한다. 이 열교는 주로 두 가지 요인에 따라 발생하는데, 첫째는 재료적인 요인에 기인한 열교이며, 둘째는 건물의 구조나 형태에 따른 기하학적 열교이다. 재료적 열교는 서로 다른 물질이 만나는 지점에서 발생한다. 다른 재료는 열이 통과하는 능력이 다르기 때문에 열이 높은 특정 지점에서 빠져나가게 된다. 이는 물이 높은 곳에서 낮은 곳으로 흐르는 현상과 유사하다.

기하학적 열교는 건물 구조상 벽과 벽이 만나는 부분, 즉 모서리 부분에서 나타나며, 평면적으로 보면 ㄱ자 형태를 이룬다. 이 ㄱ자의 형태 중 외부와 맞닿는 면적이 내부와 맞닿는 면적보다 더 크기 때문에 이러한 구조로 인해 열손실이 더 많이 발생하게 된다.

열교는 주로 창문, 발코니, 기초 부분 등 이질적인 재료가 만나는 부분에서 발생한다. 내단열이나 외단열 시 단열재를 뚫는 경우도, 이질적인 재료가 만나는 것과 유사한 열교 문제가 발생할 수 있다.

열교를 줄이기 위해서는 처음 시공할 때부터 열교가 고려되어야 하며, 열교차단재를 적절히 사용하는 것이 중요하다. 시공 과정 중 단열에 필수적으로 따라오는 열교는, 옥상부터 계단탑, 지하, 발코니, 파라펫 등 입체의 모든 선을 단열라인으로 감싼다고 생각하며 꼼꼼히 살펴야 놓치는 부분 없이 단열할 수 있으며, 이런 디테일은 곧 열교를 최소화하는 데에 이바지하게 된다.

이후 전체 외벽체에 대한 단열·열교 성능을 토대로 시공 방법을 구상하고 이에 필요한 자재도 설계내역서에 반드시 반영해야 한다.

창호에서의 열교차단재

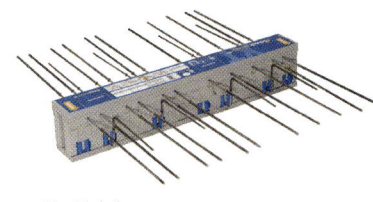

열교차단재

예를 들어, 외단열재 시공 시 단열재를 세우기 위한 철골(스터드)이 들어가는데, 이 철골이 선형 열교를 발생시키고 설계 대비 에너지 소모를 증가시킨다. 최근에는 다양한 열교차단재가 개발되었고, 기존의 단점을 해결할 수 있는 철물들도 있다. 조적 벽체를 받치는 열교차단재의 경우 스터드바의 역할을 하면서 내부가 단열재로 채워져 있어 열손실을 차단한다. 또한 트러스 구조를 이용해 외장재의 부착을 단열재 훼손 없이 견고하게 할 수 있는 기술이 적용됐다. 앵커를 설치해야 할 경우에도 내열 고무로 개스킷을 끼운 뒤 설치하면 점형 열교를 줄일 수 있다.

발코니, 파라펫 등 건축물에서 돌출되는 부분도 열교 방지를 고려해야 한다. 돌출부위가 외벽체와 그대로 연결될 경우에는 열교가 발생하기 때문에 단열라인으로 끊고 돌출부를 조성해야 하는데, 이를 위한 해결 방법이 바로 구조체 열교차단재. 철물-콘크리트, 철물-철물 등 조합에도 사용할 수 있는 솔루션이 개발되었으며, 통상 창호 프레임이 콘크리트 벽체와 닿아있어 열교가 발생하는데 창호 열교차단재를 적용해 단열라인을 끊김 없이 이을 수 있다. 창호 열교차단재는 콘크리트 타설 전 거푸집에 부착해 설치하고 타설 후 창호를 끼우는 방식으로 시공한다. 별도의 창호 주변 단열 보강 작업 없이 외부 미장마감이 가능해 시공 편의성이 높고 단열재의 파손 가능성이 적다.

1) 「GARM 01」목재 참조.
2) 1"= 2.54cm
3) 1층을 먼저 만들고 그 위에 바닥 장선(Floor Joist)을 깔고 다음에 2층을 만드는 방식으로, 2층 바닥을 벽에 매다는 방식이 아니라, 1층 벽 위에 얹어놓는 방식이다.
   [출처] 경량목구조 역사 #플랫폼 구조(Flatform Framing)|작성자 목조학교 김목수
4) 살기좋고 아름다운 삼천포 패시브하우스 "바솜하우스"
   해가패시브 2019.04.24 | HIT 7605http://m.haegapassive.com/mobile/?act=board&bbs_code=porfolio1&bbs_mode=view&bbs_seq=62&comment=1
5) 동국세라믹 내진벽돌 제품 카탈로그
6) natural resources canada, 'Keeping the Heat In' pdf
   https://natural-resources.canada.ca/energy-efficiency/homes/make-your-home-more-energy-efficient/keeping-the-heat/15768

참고문헌
· 한국목재신문, [목조주택의 골조] 3. 벽구조, 2004.08.19 00:20
· 성시창. (2005). 목조 건축물의 화재위험과 안전 대책. 방재와 보험, 108, 18-23.
· 패널테크,철골 건축에서 에너지 및 열 개선(23), 2020.06,19
· https://paneltec.co.kr/wordpress/%EC%B2%A0%EA%B3%A8-%EA%B1%B4%EC%B6%95%EC%97%90%EC%84%9C-%EC%97%90%EB%84%88%EC%A7%80-%EB%B0%8F-%EC%97%B4-%EA%B0%9C%EC%84%A023/
· 마메든하우징, 더존단열블록, http://www.the-zone.co.kr/page/duzon03.php
  https://www.siranews.co.kr/news/articleView.html?idxno=889
· http://www.kharn.kr/mobile/article.html?no=7040
· https://www.phiko.kr/bbs/board.php?bo_table=z3_01&wr_id=1954
· https://www.phiko.kr/bbs/board.php?bo_table=z3_01&wr_id=1130 https://natural-resources.canada.ca/energy-efficiency/homes/make-your-home-more-energy-efficient/keeping-the-heat/section-6-basement-insulation-floors-walls-and-crawl-spaces/15639
· http://www.kharn.kr/mobile/article.html?no=7040

단열재의
종류와 특성

단열재를 선택할 때는 재료의 열전도율뿐만
아니라 흡수율, 난연성, 시공성 등을 살펴봐야
한다. 단열 부위와 구조재와의 궁합 또한 무시
못 하는 요소다. 단열재의 종류와 특성을
소재에 따라, 원리에 따라 살펴본다.

-

글 공수연

소재에 따른 분류

유기질 단열재

석유화학 원료를 기반으로 해 가격이 저렴하고 취급이
편리하다. 대신 열에 취약한 편이다. 최근 화재 성능 기준이
강화되면서 방염 처리를 한 제품이 개발 및 생산되고 있다.

비드법 보온판

'비드'라고 하는 구슬 모양 폴리스티렌을 발포시켜 만든다. 이
원료를 어떤 크기로 발포하느냐에 따라 비드법 보온판의 밀도가
달라진다. 비드법 보온판의 호수는 비드 크기를 가리키며 숫자가
낮을수록 밀도가 높다. 국내에서는 1호가 30kg/m³ 밀도로 제일
단단하며 단열성도 가장 뛰어나다.

　1종과 2종을 가르는 기준은 첨가제다. 2종은 1종과 제작 방법이
유사하나 탄소를 함유한 합성 물질을 첨가해 복사열의 투과를 막아
1종보다 단열 성능이 10% 정도 높다. 현장에서 비드법 보온판EPS,
expanded polystyrene 1종은 통칭 '스티로폼'으로, 2종은 '네오폴', '에너폴',
'제로폴'로 불리기도 하지만, 이들 모두는 특정 제품명일 뿐이다.

　장점은 무게가 가벼워 대형 장비 없이 인력만으로 운반 및 시공이
가능하다는 점이다. 판재 형태 덕에 절단이 용이하고 시공 방법에
따른 단열 성능의 오차가 적다. 이러한 편리함과 동시에 우수한
경제성을 충족해 시장점유율이 높은 편이다.

　단점으로는 다른 유기질 단열재와 비교해 수분 흡수율이 높다는
점이 꼽힌다. 습기를 흡수하면 단열성이 최대 70%까지 저하될 수
있다. 따라서 물에 직접 닿는 부위보다 지상층 외벽에 적용하는 게
바람직하다. 방수층과 방습층을 통해 습기를 막고 흡수된 습기를
내보내도록 계획해야 한다. 시공 전에도 물과의 사투를 벌여야 한다.
단열재를 제조하고 나서는 비드 알갱이 속에 남은 수증기가 공기로
배출되게 자재를 자연 상태 그대로 노출시켜 최소 7주 이상 건조해야
한다. 이러한 숙성 과정을 거치지 않고 시공하면 휨 현상이 발생한다.
단열재 사이에 틈이 생겨 단열성이 떨어지거나 마감재 표면마저도
울퉁불퉁해지는 결과로 이어질 수 있다. 문제를 예방하기 위해 숙성
과정을 거쳤는지 확인할 필요가 있으며 충분한 시간을 두고 제품을
주문하기를 권장한다.

-

등급: 가(2종 1~4호), 나(1종 1~3호), 다(1종 4호)
열전도율: 0.031~0.034W/mK(2종 1~4호),
　　　　　 0.036~0.043W/mK(1종 1~4호)

압출법 보온판

비드법 보온판처럼 폴리스티렌으로 구성되지만, 구별을 위해 압출법 보온판XPS, extruded polystyrene은 색상을 가미해 생산되고 있다. 국내에서 흔히 '아이소핑크' 혹은 '골드폼'이라는 상표명으로 지칭된다.

동일한 밀도의 비드법 보온판보다 열전도율이 낮고 가격은 높다. 같은 단열 두께에서 성능을 더 높이거나, 같은 성능에서 벽체 두께를 줄이고 싶을 때 활용하면 좋다. 비드법 보온판과 비교해 압축 강도가 우수하고, 흡습 성질은 아예 없는 편이다. 단열재 중 지하나 옥상층과 같이 물기에 인접한 부위에 쓸 수 있는 유일한 대안이다.

한편 시간이 지나면 단열 성능이 떨어지는 단점을 감안해야 한다. 또한 표면이 매끈해 미장에 필요한 접착력이 약하고, 허용온도 70도를 넘길 시 2차 발포로 인해 단열재가 부풀어 오를 수 있다. 따라서 외단열 미장마감 공법에 그리 적합하지 않다.

–

등급: 가(특호, 1~3호)
초기 열전도율: 0.027~0.031W/mK(특호~3호)
장기 열전도율: 0.029~0.033W/mK(특호~3호)

경질우레탄폼 보온판

한국산업표준(KS) 자료에 따르면, 1종은 폴리이소시아네이트, 폴리올 및 발포제를 발포 성형하며 면재가 없는 판 형태의 단열재다. 2종은 같은 주재료를 면재 사이에 발포시켜 자기 접착에 의해 샌드위치 판 형태로 성형하며 면재가 부착돼 있다. 1종은 표피재를 제거하는 후속 공정이 필요해서 2종보다 비싼 편이다.

국내에서는 폴리우레탄PUR, polyurethane과 폴리이소시아네이트PIR, polyisocyanate로 통칭되지만, 이 둘은 분자 구조가 다르다. PIR은 PUR의 특성을 유지하며 난연성, 내열성, 저연성이 개선됐고, PUR보다 신축률과 휨이 적어 외단열에 적합하다.

열전도율이 단열재 중에서 낮은 편에 속한다. 여타 가등급 단열재보다 30~40% 얇은 두께로 시공 가능해 가용 공간을 더 확보할 수 있다.

시간이 경과하면 단열 성능이 하락하지만 압출법 보온판의 변화만큼은 아니다. 발포제 종류 중 염화불화탄소CFC, chloro fluoro carbons류는 오존파괴지수ODP, ozone depletion potential와 지구온난화지수GWP, global warming potential가 높아 선진국에서 규제되고 있다.

–

등급: 가(1종 1~3호, 2종 1~3호)
열전도율: 0.023~0.024W/mK(2종 1~3호),
0.024~0.025W/mK(1종 1~3호)

페놀폼

소위 'PF보드'로 지칭되며 90% 이상이 닫힌 셀 구조를 이뤄 단열성이 경질우레탄폼 보온판 수준으로 뛰어나다. 일반 단열재 대비 절반 두께로도 열전도율 기준을 충족한다. 자기소화 온도가 480도인 내화성 소재로, 고온에서의 열 변형과 화재 시 유독가스의 발생이 적다.

다만 수분을 흡수하면 열저항이 크게 감소하기에 직접 수분에 닿는 곳에는 사용을 피해야 한다. 단열재를 절단할 때 난연 효과가 있는 표면의 은박이 잘 벗겨진다는 단점도 있다. 시공 시 마감의 편의를 위해 은박을 벗기는 편법을 감독해야 한다.

2019년 1급 발암물질인 포름알데히드가 검출된 바 있어 대한건축사협회에서 사용자제를 권고했다. 대체 제품으로는 준불연 비드법 보온판이 있다.

–

등급: 가(I종A, II종A), 나(I종B, II종B, III종A)
열전도율: 0.020W/mK

분무식 중밀도 폴리우레탄폼

경질우레탄폼 보온판과 주원료가 같지만 분사하는 형식의
단열재다. 스프레이폼은 시공하기 어려운 미세한 틈이나 사춤
부위를 밀실하게 채워 건물의 기밀성을 높인다. 틈새만 있으면
분사할 수 있기에 리모델링 작업에 용이하다.

흔히 '(수성)연질폼', '경질폼'으로 일컫는데 이 둘의 차이는
폴리올이라는 원료의 배합비에서 결정된다. 연질폼은 상대적으로
분자 길이가 긴 폴리올을 포함해 탄성이 있고 발포·팽창이 더
잘된다. 열린 셀 구조로 투습이 잘된다. 경질폼은 이와 반대되는
특성을 지니면서 상대적으로 밀도가 높아 단열성이 좋다.

연질폼은 연질의 특성상 탄성 한계 이상의 힘을 가하면
형태가 돌아오지 않기에 작업 시 주의가 필요하다. 특히 단열재
시공 단계보다 석고보드 등 후공정에서 이를 누르는 경우가 종종
발생한다.

연질폼은 경질폼과 달리 발포제로 공해 물질이 아닌 물을
쓴다는 장점이 있다. 하지만 발포될 때 이산화탄소가 방출된다.
그러므로 밀폐된 공간에서 작업하면 안 되고 분사 후 환기가
필요하다. 작업자는 복장과 착용 장비에 주의를 기울여야 한다.

-

등급: 가(1종A/B, 2종A/B), 나(1종C)
열전도율: 현장에 따라 상이

폴리에스터 흡음 단열재

이름처럼 폴리에스터 섬유만으로 제조하고, 제품 내부에 공기층을
형성해 열과 소리 전달을 동시에 최소화한다.

의류와 같은 소재인 점을 고려하면 신체에 접촉해도 무해하다.
두께와 밀도를 조절하는 등 제품의 취급과 시공이 용이하고 처리도
재활용 혹은 소각, 일반폐기물로 분류하면 된다. 물에 젖어도
형태가 유지돼 열전도율이나 흡음 성능에 지장이 없다. 그럼에도
내부 결로를 막기 위해 실내 방습층은 필요하다.

가격이 높을 뿐만 아니라, 열적 특성이 비슷한 그라스울을
대체재로 활용할 수 있다. 따라서 단순 단열 목적만이 아닌 소음
차단이 함께 필요한 시설에 쓰인다.

-

등급: 가(1급), 나(2급), 다(3급)
열전도율: 0.034W/mK 이하(1급), 0.035~0.040W/mK(2급),
0.041~0.045W/mK(3급)

무기질 단열재

대체로 원료 자체가 내화성이 뛰어나며 환경에 미치는 악영향이 상대적으로 적다.
하지만 유기질 단열재에 비해 단열성과 시공성이 떨어지는 편이다.

그라스울 보온판

폐유리를 고온에 녹인 후 섬유화하고 접착제를 이용해 판 모양으로 성형한 제품이다. 종류는 밀도에 의해 24~120K로 구분한다.

　성분(유리) 자체가 불연재에 속하고 최대 사용 온도는 350도다. 그러나 대개 화재 시 이 온도를 넘어서기에 단열재가 녹을 수 있다. 고온의 배관용 단열재로 쓰기에 적합하다.

　타 섬유계 단열재(미네랄울 보온판, 셀룰로오스 단열재)와 비교했을 때, 열전도율은 큰 격차가 없는데 가격은 제일 저렴하다. 따라서 섬유계 단열재 중 건축 시장에서 우위를 점하고 있다. 특히 목구조나 철골조와 같이 단열재를 끼워 넣어야 하는 구조에 주로 쓰인다.

　단점은 습기가 침투하면 단열재가 젖어서 무거워지며 아래로 처지는 점이다. 이후 수분이 빠져나가도 원상 복구가 되지 않아 윗부분에 단열 결손이 생긴다. 이 문제를 해결하기 위해 단열재를 비닐에 포장한 제품이 개발되기도 했으나, 투습이 되지 않는 비닐에 접한 부재가 부식될 수 있다. 비닐보다 투습이 되는 종이가 붙여진 제품이 더 낫고, 방습층 시공 역시 중요하다. 단단한 유리 조직으로 구성돼 맨손으로 만지면 따가워 작업자는 보호장비(장갑, 의류, 마스크)를 착용해야 한다.

-
등급: 가(48K, 64K, 80K, 96K, 120K) 나(24K, 32K, 40K)
열전도율: 0.034W/mK 이하(48~120K),
0.043~0.048W/mK(40~24K)

미네랄울 보온판

미네랄울은 석회나 규산 등의 광물을 용융한 섬유로, 암면이라고도 불린다. 석면과 혼동해 발암물질이라고 알려졌으나 이는 잘못된 정보다. 미네랄울 보온판은 미네랄울을 접착제를 이용해 판 모양으로 만든 것이다. 종류는 밀도에 따라 1~3호로 나뉜다.

　그라스울 보온판처럼 성분 자체가 불연재이며 사용 온도는 600~650도다. 압력 저항도 그라스울 보온판보다 높아서 기계적 손상에도 저항을 더 잘한다. 그라스울 보온판과 달리 산업용 건축에 많이 쓰인다. 투습 성능이 좋고 물빠짐이 좋아 빗물 증발과 배출에 용이하다.

　밀도는 높지만 열전도율은 그라스울 보온판과 비슷하고, 가격은 그라스울 보온판보다 비싸다.

-
등급: 나(1~3호)
열전도율: 0.036~0.038W/mK(1~3호)

셀룰로오스 단열재

폐지를 재활용한 단열재다. 최근 기후위기로 인해 친환경 단열재로 각광받고 있으나, 국내에서는 높은 단가로 유럽이나 북미만큼 보편화되지 않았다.

판재 형태를 갖춘 제품도 있으나 대개 솜 덩어리 같은 상태. 펌프를 통해 외벽이나 지붕의 틈새에 솜 덩어리 같은 단열재를 불어넣는다. 정밀한 시공 능력 없이도 건물의 기밀성을 높이는 것이다. 비드법 보온판, 압출법 보온판, 그라스울 보온판보다 열전도율이 조금 나빠도 안정적으로 단열성을 발휘할 수 있다.

원료 자체가 습기에 강하다. 충전량을 늘리면 늘릴수록 조습 능력이 상승한다. 하지만 대류를 통해 습기가 지속적으로 유입된다면 언젠가 습기 조절 능력이 한계에 다다를 수 있다.

-

등급: 나
열전도율: 0.040W/mK

목섬유 단열재

목재를 원료로 하며 셀룰로오스 단열재와 더불어 탄소중립 시대에 주목받는 제품이다. 장기간 탄소를 저장할 수 있고, 건물을 해체할 때에도 재활용되거나 유해물질의 배출 없이 폐기될 수 있다. 판형, 롤형 또는 뿜칠형 등으로 변형이 가능해 다양한 건축물에 적용 가능하다.

가연성 재료지만 화재 시 유독가스의 배출이 매우 적어 이용자의 대피 시간을 벌어주면서도 유독가스에 의한 인명피해를 줄일 수 있다. 셀룰로오스 단열재와 같이 단열성이 상대적으로 낮고 경제성이 떨어진다는 단점을 가진다.

-

등급: 나
열전도율: 0.040W/mK

원리에 따른 분류

저항형 단열재

가장 일반적인 유형으로 앞서 살펴본 단열재들이 이에 속한다. 열전도를 적게 하기 위해 공기층을 형성하는 게 중요하다. 같은 무게에서 최대한 부피를 크게 하면 내부에 공기층이 대량 생기는데, 이러한 원리의 대표 예가 비드법 보온판이다.

반사형 단열재

열전달의 세 방법(전도, 대류, 복사) 중 복사를 막는다. 거울처럼 반짝이는 금속 재질을 이용해 햇빛과 열을 반사한다. 단열재의 부피나 두께가 얇고 중량이 가볍다. 하지만 반사형 단열재를 여러 겹 겹친다고 성능이 정비례하지 않는다. 단열재 표면과 외장재 사이에 공기층(통상 25mm 이상)을 확보하지 않으면 단열 효과를 거두기가 어려워 시공 시 주의가 필요하다.

용량형 단열재

열전달을 지연시키는 축열 성질을 이용해 단열을 유도한다. 구조체가 지니는 열용량에 의한 열지연 효과와 진폭 감쇠율로 설명된다. 일례로 토속 건축에 사용하는 흙은 외기에 따른 실내 온도 변화를 지연시킨다. 이처럼 건축 재료는 미약하게라도 단열성이 있기에 용량형 단열재에 비단열재가 속할 수도 있다.

2

PROJECT

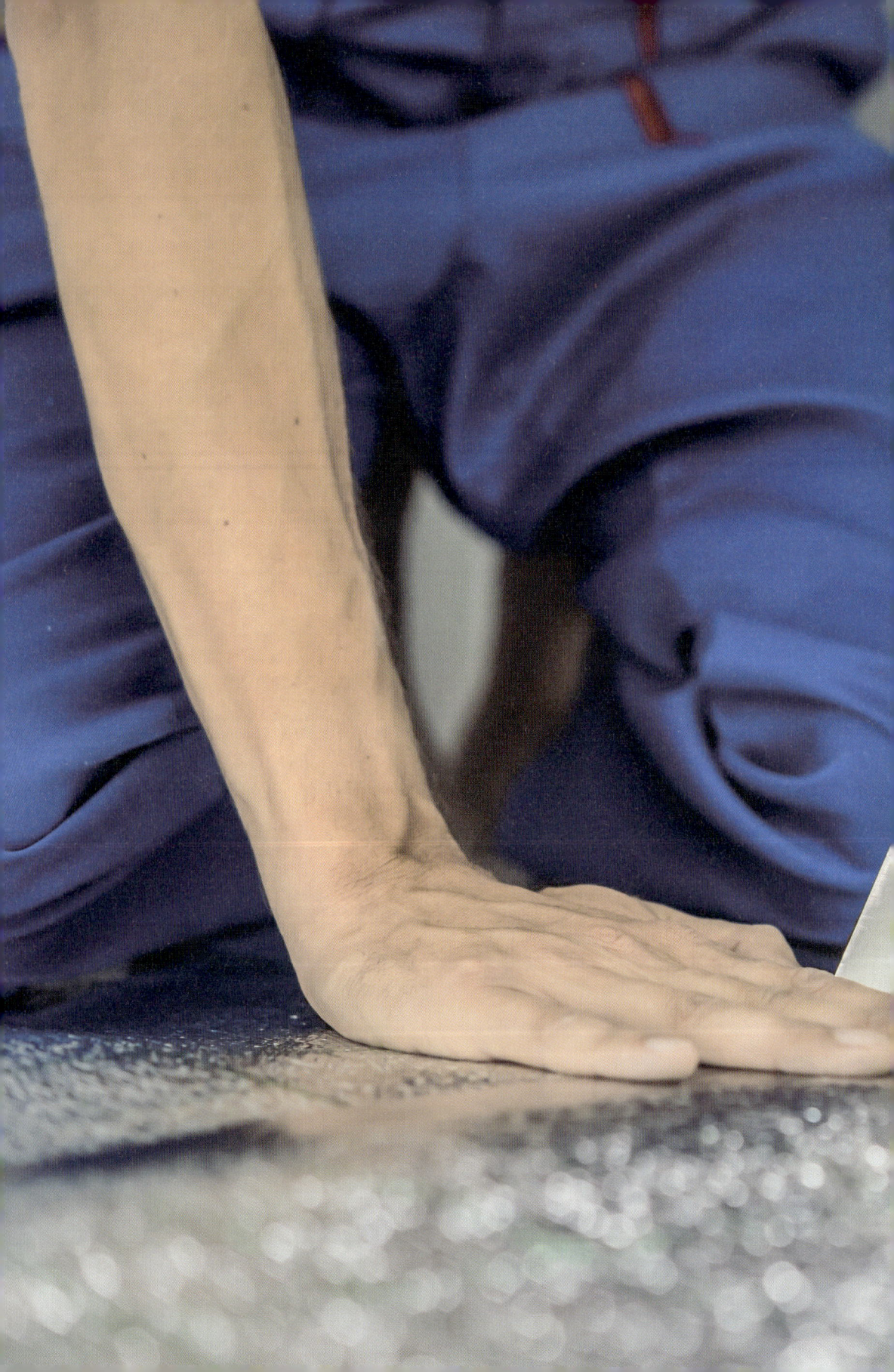

디자인과 성능을
모두 잡기 위하여:
위아연

조윤희 구보건축 공동대표
김상진 스토에이엔씨 대표

설계 단계에서의 디자인이 그대로 실현되기란 쉽지 않다. 현실에는 수많은 제약이 존재하기 때문이다. 그중 하나가 마감재, 특히 단열재다. 도면에서 유려한 곡선이었던 벽은 두껍고 커다란 직선의 단열재로 시공되며 다각형의 벽이 되는 안타까운 상황이 발생하기도 한다. 설계 의도를 고스란히 반영해 건물의 표면을 마감하는 일은 아예 불가능할까? 그렇지 않다. 서울 마포에 위치한 근린생활시설이자 다가구주택 '위아연'을 보면 그 실마리를 찾을 수 있다. 이 건물을 설계한 구보건축, 건물에 적용된 단열 시스템을 시공한 스토에이엔씨의 목소리를 담았다.

-
인터뷰 **최은화**
인터뷰이 **조윤희** 구보건축 공동대표,
　　　김상진 스토에이엔씨 대표
사진 **스토에이엔씨**(별도 표기 외)

감씨(감): 위아연은 서울 마포구 연남동의 이면 골목에 위치한다. 건물에 대한 소개를 부탁한다.

-

조윤희(조): 240m² 규모의 대지는 규칙적인 형태로 나누어진 필지와 1970년대까지 경의선 부근에서 농사를 지었던 농지의 자연발생적 구조가 충돌하며 이형의 형상을 띤다. 남북 방향으로 기다란 대지는 폭 7m 내외이고, 도로와 접하는 폭이 좁아서 차량의 진출입구와 보행통로를 두기에도 넉넉지 않은 상황이었다. 여기에 일조사선이라는 제약 조건을 반영하고 남겨진 최대한의 볼륨을 그대로 드러냈다. 복잡한 제약 조건을 고스란히 받아들여 건물의 윤곽을 만들되, 형태를 단정하게 정리했다.

감: 반원의 보이드 공간, 외부에서도 드러나는 긴 복도가 이 건물만의 독특한 형태감과 이미지를 만들어낸다. 이러한 조형성을 유지하기 위해서 건물의 표면을 어떻게 감쌀지에 대한 고민이 컸을 것 같다. 어떤 기준으로 마감재를 선택했는가?

-

조: 외부 조건으로 인해 만들어진 복잡한 형태가 하나의 덩어리로 인지될 수 있도록 마감 재료를 밝은 갈색의 스타코 외단열 시스템으로 한정했고, 내부화된 가로만이 구별되어 도드라지도록 콘크리트 노출로 마감했다. 곡면, 덩어리의 느낌 등 설계안을 표현할 수 있는 거의 유일한 재료인 치장 벽돌을 적용하는 방법도 검토했으나, 예산상의 이유로 선택할 수 없었다.

감: 이 건물은 어떻게 단열되는가?

-

조: 위아연의 주거 공간에는 외단열을 적용했다. 주거 공간인 만큼 효율적인 단열 방식을 선정해야 했는데, 내단열보다 외단열이 단열 성능이 좋다. 스토에이엔씨(이하 스토) 회사의 외단열 시스템을 사용하여 건물 전체에 단열이 끊기지 않고 이어지도록 계획했다. 구보건축은 특별한 경우가 아니라면 내단열을 잘 사용하지 않는데, 이번 프로젝트에서는 입면 구성의 재미를 위해 노출콘크리트를 적용하면서 1층 상가의 일부분을 내단열로 처리했다. 외부 복도와 외벽 면의 일부에 적용하여 상대적으로 작은 면적이고, 상업시설이라는 성격상 내단열을 적용해도 될 것이라 판단했다. 그렇게 외단열 시스템과 노출콘크리트가 섞여 있는데, 노출콘크리트는 내단열 시스템이고, 기본적으로 외단열과 내단열이 만나는 곳은 열교가 발생하기 쉽다.[1] 이 부분에서 열교를 방지하는 단열선을 유지하면서 동시에 입면 구성에서 깔끔하게 마감이 나오도록 하는 디테일을 만드는 데 노력을 기울였다.

감: 이번 프로젝트에서 단열을 계획하고 시공함에 있어서 까다로웠던 점은 무엇이었나?

-

조: 골조의 시공 퀄리티가 좋지 못했다. 단열재를 붙이는 바탕이 되는 골조의 평활도가 좋지 않아 단열재를 붙이는 과정을 통해 건물의 전체 면을 바로 잡아야 했다. 또한 건물의 중앙에 위치한 반원형의 보이드 공간이 가진 곡률에 맞춰 단열재를 잘게 쪼개어 설치해야 했다.

©GUBO Architects

1
색상 후보군 세 개를 두고
테스트를 하고 있다.

2
반원형의 보이드 공간이 가진
곡률에 맞춰 단열재가 시공되고
있다.

감: 외단열 방식은 건물 외부에 단열재가 시공되기 때문에 단열재의 탈락, 오염 등의 문제가 발생할 수 있다. 위아연에서는 이 문제를 어떻게 예방했나?

-

조: 외단열 시스템을 구현하는 다양한 제품이 시중에 있다. 구보건축이 처음으로 외단열 시스템을 반영한 것이 2020년도인데, 그때 어떤 제품을 사용해야 할지 확신이 없었다. 외단열 시스템을 적용한 건물 중 완공한 지 4년이 넘은 건물들의 리스트를 가지고 직접 현장을 방문해 제품별 오염도와 탈락 여부를 확인했다. 그 결과 가장 지속성이 좋은 제품을 추려낼 수 있었고, 그 이후로는 건축주를 설득해 초기 비용을 조금 더 지출하더라도 그 제품을 쓰도록 권하고 있다.

감: 구보건축의 현장 테스트를 통과한 그 제품이 스토의 외단열 시스템 제품들이다. 이제까지 몇 개의 프로젝트에 이 제품을 사용했나? 구보건축이 생각하는 이 제품의 특징과 장점은 무엇인가?

-

조: 구보건축은 논현동 주택, 에코스페이스 연의, 위아연, 원스페이스 총 네 개 프로젝트에서 스토 제품을 사용했고, 현재 공사 중인 논현동 근린생활시설 프로젝트에서도 또 적용할 예정이다. 앞서 언급한 대로, 시간이 지났을 때 건물의 오염도가 현저히 낮은 점이 가장 큰 장점이다. 스토의 시공 과정을 보면 총 여덟 단계의 레이어가 있고, 특허를 받은 오염방지 페인트를 사용하는데 이로 인해 높은 내구성이 나오는 듯하다. 또한 소수의 직영 시공팀을 운영하고 있기 때문에 균일한 시공 퀄리티를 보장받을 수 있다. 다양한 색상 구현이 가능해서 미묘한 색감 차이를 테스트할 수 있고, 질감에 있어서도 입자의 굵기를 선택할 수 있으며, 손작업을 통해 다양한 문양을 만들어낼 수 있다. 건축가에게는 표현의 자유도가 있으면서 단열 성능도 보장하는 공법이므로 많은 프로젝트에서 즐겨 사용하고 있다.

감: 위아연에 사용된 단열재인 '스토 준불연 외단열 시스템'에 대한 설명을 부탁한다.

-

김상진(김): 정식 명칭은 스토썸 바리오StoTherm Vario로, 단열재의 부착부터 최종 실리콘페인트 마감까지의 일체화된 시스템을 의미한다. 그렇기 때문에 단지 단열재 또는 마감재에만 국한된 '제품'이 아니라, 단열재의 부착 방식, 베이스코트(메쉬 모르타르)의 두께, 각종 모서리 디테일, 그리고 마감 방식과 내오염성 확보까지의 모든 시공 방식과 기능을 수반하는 그야말로 '시스템'이다. 이러한 시스템을 건물에 적용하는 건 결국 사람이기에 전문적이고 세심한 시공을 가장 중요시한다. 스토 외단열 시스템은 전문 시공팀의 시공으로만 유통되고 완성된다.

감: 시공은 어떻게 이루어지는가?

-

김: 단열재의 가장자리와 중심부를 접착하는 '리본 앤 댑' 방식으로 단열재를 견고히 부착하고, 5mm 이상의 베이스코트 층을 확보하고, 두께에 무너지지 않는 PVC 비드들을 사용하여 날선 모서리를 만들고, 다양한 마감기법으로 건축가의 설계 의도를 살려서 시공한다. 이러한 시공법은 지난 수십 년간 국내 외단열 시스템의 고질적인 문제인 단열재 자국, 크랙, 탈락, 오염 등을 방지하는 방식이다.

©GUBO Architects

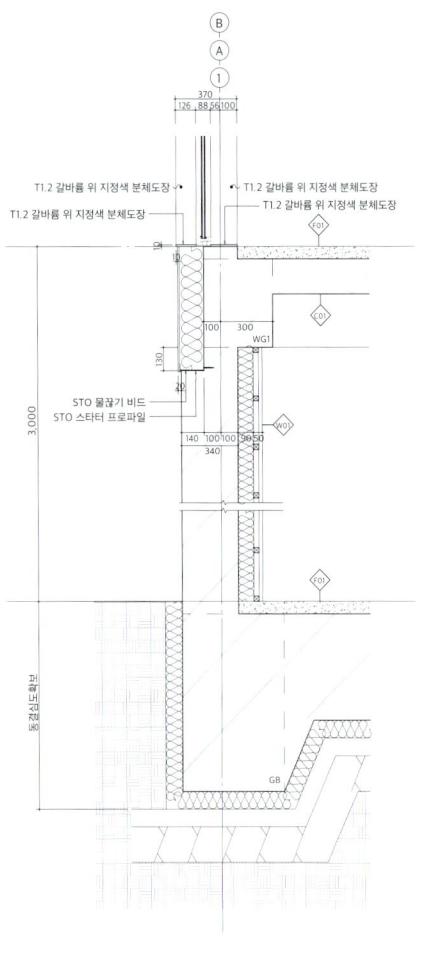

B
A
1

370
126 88 56 100

T1.2 갈바륨 위 지정색 분체도장
T1.2 갈바륨 위 지정색 분체도장

T1.2 갈바륨 위 지정색 분체도장
T1.2 갈바륨 위 지정색 분체도장

100 300
WG1

STO 물끊기 비드
STO 스타터 프로파일

140 100 100 50 50
340

3,000

GB

스토 바우클레버(접착재)
- 불연

준불연 EPS 보드(단열재)

스토레벨 노보(베이스코트)
- 불연

스토 메쉬(유리섬유메쉬)

스톨릿(마감재)
- 준불연

스토 컬러 로투산(실리콘수지페인트)
- 준불연

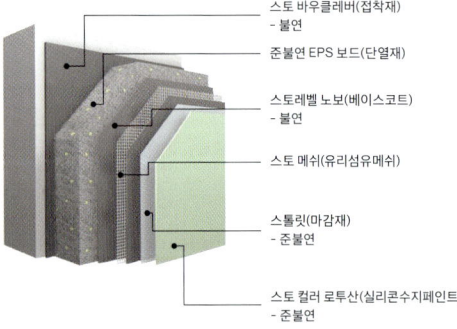

3

4

5

6

감: 해당 제품의 시공성은 어떤지 궁금하다. 위아연의 단열 시공에는 기간이 어느 정도 소요됐나? 또한 시공 시 유의해야 할 사항은 무엇이 있나?

-

김: 시공에 앞서 현장 담당자에게 예상 시공 기간을 말하면 "왜 이리 오래 걸리냐?"라는 대답이 돌아온다. 고개를 갸우뚱하던 담당자가 고개를 끄덕이며 수긍하는 때는 단열 시공이 마무리로 향하는 시점이다. 대략 300~400㎡ 규모를 스토 외단열 시스템으로 시공한다고 하면 약 15일의 시공 기간을 잡는다. 위아연은 한 달 정도 걸렸다. 겨울에는 시공에 더 유의해야 하는데, 자재들이 물을 사용하는 습식이라 준비 과정 또는 시공 후에 동결될 경우 치명적인 하자가 발생할 수 있기 때문이다. 따라서 동절기에는 시공을 안 하는 것이 원칙이고, 당일 낮 기온이 영하일 경우 무조건 시공을 중단한다.

감: 이 제품은 특히 곡면 표현에 유리한데, 그 원리가 무엇인가?

-

김: 평면의 단열재를 곡면으로 만드는 방법은 오직 하나다. 바로 휘는 것이다. 두께가 얇을수록 쉽게 휘기 때문에 단열재를 두 장으로 나눠 붙이는 '더블업' 방식으로 시공한다. 예를 들어 150mm의 두꺼운 단열재 한 장을 억지로 구부리기보다는 120mm를 휘어서 붙이고, 그 위에 30mm 얇은 단열재를 다시 휘어서 붙이는 것이다. 이때 단열재가 직선의 세그먼트라도 상관없다. 부드럽고 유려한 곡면을 연출할 수 있다.

감: 최근 한국 건축계가 요구하는 단열 및 단열재의 조건이 있나?

-

김: 패시브히우스와 저에너지하우스를 만들고자 하는 경향은 확연히 줄어들었다. 현재는 에너지 등급을 요하는 프로젝트를 제외하고는 기본적인 단열 법규를 준수하는 정도다. 건축가들은 외피에 너무 두꺼운 단열재가 붙는 것을 꺼려 한다. 법적으로 문제 없는 최소 두께의 단열을 요구하고, 준불연 비드법 보온판이 두꺼울 경우 페놀폼을 선택하기도 한다. 올해 단열재의 화두는 두께보다 준불연에 대한 인증과 법규이다. 표면 코팅이 아닌 심재형과 실대형 화재 실험을 통과해야 하는 법령이 시행되고 있어, 이를 뒷받침할 데이터가 필요한 시점이다. 다행스럽게도 스토는 미리 화재인증서를 보유하고 있었지만, 이제 준비하는 업체들은 많은 시간과 비용을 지불하고 있다.

1, 2
곡면 표현을 위해 단열재를 두 장으로 나눠
붙이는 '더블업' 방식으로 시공중인 모습

3, 4, 5, 6
스토썸 바리오 제품의 시공 특징:
리본 앤 댑 방식 - 베이스코트 4mm 이상
확보 - 발수성과 기후저항성을 갖춘 질감
- PVC비드 설치로 구현한 깔끔한 모서리
각도

감: 단열과 화재에 관련한 법규가 계속해서 강화됨에 따라 단열재 시장에도 큰 변화가 생길 수밖에 없을 것 같다. 업계의 상황은 어떠한가? 어떤 변화를 마주하고 있는가?

-

김: 거의 매년 법규가 강화되었다. 어느 해는 납득할 만한 수준이었지만, 어느 해는 사회적 사건에 기인해 크게 증폭되었다. 후자의 경우, 시장성과 현실성이 배제된 탓에 한동안 혼란스러운 상황이 발생한다. 제조사는 제품의 안정성을 검증하기보다 출시를 서두르며 시장에서 도태되지 않으려 하고, 소비자는 법규의 이해와 범주 안으로 들어오기 위해 애쓰고, 시공사는 프로토타입 수준의 단열재를 사용해 더 높아진 기준을 맞추려 한다. 올해 스토가 실물화재실험을 진행한 심재형 비드법 단열재는 나등급(열전도율 0.037W/mK)이기에 서울 기준 단독주택은 155mm, 공동주택은 200mm 이상의 두께를 사용해야 한다. 건축가들은 두꺼워진 단열재에 대해 반색하지 않으면서도 이 정도까지는 가용 한계 안으로 들어온다고 생각하는 듯하다. 만일 내년에 단열에 관한 법규가 다시 강화되어 단열재 기준 두께가 더 늘어난다면 준불연 비드법 보온판의 수요는 급격하게 위축될 것이다.

결국 대안은 페놀폼과 경질우레탄 보드인데, 이들은 수분흡수율, 알루미늄면 박리, 시공성, 가공성, 부착성 등이 뛰어나지 않다. 시공 품질과도 직결되는 문제이기에, 강화된 법규에 맞춰 단열 효과가 커진다는 보장을 하기가 힘들어지는, 일종의 역설을 만들 가능성도 있다. 개인적으로는 준불연 비드법 보온판과 페놀폼, 두 가지 선택에 저항감이 없는 선에서 단독주택과 공동주택의 단열재 기준 두께 차이를 좁히는 방향으로 강화되었으면 하는 바람이다.

1) 외단열과 내단열을 결합할 경우 열교환을 지연시킬 수 있으나 내외부 온도차가 많이 나는 곳은 결로의 위험이 있다. (본지 116~121쪽 참고)

조윤희
홍지학과 함께 2015년부터 구보건축을 설립하여 도시건축 연구용역 및 건축설계 작업을 진행 중이다. 서울대학교와 MIT 건축대학원을 졸업하고 한국의 이로재와 미국 보스턴의 하윌러+윤 아키텍처(Howeler+Yoon Architecture)에서 실무 경험을 쌓아왔다. 서울대학교, 성균관대학교에서 설계스튜디오를 운영했으며, 2016년부터 6년간 서울시 공공건축가로 활동했다. 2020 목조건축대상 특별상, 2021 젊은건축가상, 2023 서울시 건축상 최우수상을 수상했다.

김상진
2002년 STO(스토) 한국 본부에 입사하여 독일 본사와의 수출입 및 커뮤니케이션을 맡으며 국내 외단열 시장에 발을 들였다. 2011년 스토에이엔씨를 설립한 뒤 스토 외단열 시스템의 컨설팅부터 시공까지 맡고 있으며, 오프라인 현장뿐만 아니라 온라인 커뮤니티를 통해 지속적으로 스토의 시스템과 레퍼런스를 소개하고 있다. 국내 외단열 시스템 시장에 작지만 긍정적인 변화를 주고자 한다.

단층의 철골조 건물이
택한 기밀함의 기술:
차리카페

이세웅, 최연웅 아파랏체
건축사사무소 공동대표
신동일 티푸스코리아 대표

단열의 정석을 모두 빗겨간 건물이 있다.
대부분의 건물이 효과가 보장된 외단열을 택할
때 반대로 내단열을 취하고, 철골구조에서
주로 사용하는 단열재인 샌드위치 패널을
뒤로하고 국내의 한 회사가 자체 개발한
트러스 단열 프레임을 적용한 '차리카페'다. 이
건물을 설계한 아파랏체 건축사사무소, 새로운
열교차단재를 개발한 티푸스코리아에게
자세한 이야기를 들어봤다.

-
인터뷰 **최은화**
인터뷰이 **이세웅**, **최연웅** 아파랏체 건축사사무소
공동대표, **신동일** 티푸스코리아 대표
사진 **진효숙**(별도 표기 외)

감씨(감): 차리카페는 어떤 건물인가?

-

이세웅, 최연웅(이&최): 차리카페는 울산 두서면 차리마을에 위치한다. 공장에서 미리 제작한 철골 라멘조, 구조적 강성을 유지하면서 열교를 최소화한 단열 프레임, 습환경에 최적화된 방수지와 방습지[1] 등 동시대의 기술들로 지은 '헛간'이라고 할 수 있다. 건물의 구상 단계에서 이 지역의 축사와 농업용 창고를 모티프 삼았다. 건물은 40×6m의 장방형 형태이고, 경사면에 위치하여 바닥 판이 지면에서 최대 2.4m 공중에 떠 있다.

감: 어떤 단열 방식을 적용했나?

-

이&최: 바닥에는 각형강관 장선 위에 데크 플레이트를 설치하고 압출법 보온판을 올려 연속된 단열선을 형성했다. 외벽과 지붕에는 티푸스코리아의 단열 프레임과 그라스울을 이용했다. 부연하자면, 바닥과 지붕의 보와 장선에 단열 프레임의 상하부를 볼트 체결해 외벽의 틀을 짜고 단열 프레임 사이에 그라스울을 채워 넣는 방식이다. 지붕에서는 보의 하부 면에 단열 프레임을 매달고 그 사이에 그라스울을 채웠다. 그라스울을 습기로부터 보호하기 위해 외부에는 투습 방수지를, 내부에는 가변형 방습지를 둘렀다. 차리카페는 구조체를 기준으로 실내 측에 단열선이 형성되므로 내단열 방식으로 분류할 수 있다.

감: 건물 내부에 열교차단층을 두는 내단열은 건물 겉을 통째로 감싸는 외단열보다 단열 효과가 덜하다. 그럼에도 차리카페에서 내단열을 택했는데, 그 이유는 무엇인가?

-

이&최: 단열의 기본 원칙은 구조체의 실외 측에서 단열재를 끊김 없이 이어나가는 것이다. 외단열이라고 부르는 이 방식은 단열 효과가 확실하고 실내의 공기 질도 담보할 수 있다. 반대로 단열재를 실내에 설치하게 되면 결로와 곰팡이가 발생할 수 있는데 특히 칸막이벽과 외벽의 접합부, 층간 바닥과 외벽의 접합부에서 그 가능성이 더욱 높아진다. 그래서 대부분의 건물이 내단열이 아닌 외단열 방식을 취한다. 아파랏체 건축사사무소에서 설계한 모든 건물도 외단열 방식을 취한다. 그러나 경사지에 위치한 차리카페의 경우, 필로티 형식의 집지 방식과 2.6m 돌출된 40m 길이의 처마가 문제였다. 필로티 기둥 전체를 단열재로 감싸더라도 단열재와 마감재 설치 비용에 비해 효과는 미비하고, 단열재와 마감재의 두께 때문에 건물의 다리가 우스꽝스러워 보일 수 있다고 판단했다. 그러나 내단열을 하기에는 적합한 '연속된 단열층을 형성하기 쉬운 공간구조'다. 다시 말해, 단층이며 칸막이벽이 최소화된 공간이다. 2층 이상의 건물에서는 필연적으로 층간 바닥과 외벽의 접합부가 생기는데, 이 부분에서 열교가 발생하고 결로와 곰팡이 피해로 이어지기가 쉽다. 유사한 부분이 칸막이벽과 외벽의 접합부, 또는 칸막이벽과 지붕·바닥 슬라브와의 접합부다. 차리카페는 단층이며 화장실 등 기능실을 별채에 마련해 칸막이벽 없는 단일 공간이기에 내단열을 적용할 수 있었다.[2]

1

©apparat-c

2

©apparat-c

1
바닥에 각형강관 장선 위에
데크플레이트를 두고 압출법 보온판을
설치하고 있다.

2
외벽에 그라스울을 설치하고 있다.

감: 단열에는 법적 제한이 있다. 건물이 위치하는 지역, 사용하는 단열재의 등급, 건축 요소의 종류 등에 따라 단열재에 관한 구체적인 조건이 설정된다. 차리카페의 경우는 어떤 조건이 있었나?

-

이&최: 울산은 「건축물의 에너지절약설계기준」에 따르면 남부지역으로 분류된다. 외벽과 지붕의 단열재는 단열 프레임 사이를 빈틈없이 채울 수 있는 그라스울 48K(가 등급, 불연)를 사용했다. 외벽에는 125mm(법적 기준은 100mm), 지붕에는 250mm(법적 기준은 180mm) 두께의 그라스울을 설치했다. 바닥에는 압축강도 25N/cm² 이상의 압출법 보온판 특호 220mm(법적 기준은 130mm)를 적용했다.

감: 철골구조의 단열재로 보편적으로 사용하는 샌드위치 패널이 아닌, 티푸스코리아의 단열 프레임을 적용했다.

-

이&최: 한국에서는 철골구조의 외벽 재료로 샌드위치 패널을 많이 사용한다. 그러나 샌드위치 패널은 접합부에서 열교가 발생하기 때문에 거주 공간의 외벽에 사용하기에는 단열성과 기밀성에 문제가 있다고 판단했다. 샌드위치 패널은 기밀과 내구성을 담당하는 금속 시트를 단열 성능을 지닌 심재에 부착해 생산한다. 패널 자체보다도 패널의 접합부에서 단열 및 기밀 성능의 저하가 발생한다. 티푸스코리아 단열 프레임과 무기질 단열재, 기능성 멤브레인의 조합은 이러한 샌드위치 패널의 한계를 보완할 수 있는 시스템이다. 내구성은 단열 프레임이, 단열은 무기질 단열재가, 그리고 기밀과 방수는 기능성 멤브레인이 각각 담당한다. 그만큼 성능이 뛰어나지만 공기가 길어지고 공사비도 상승한다.

감: 해당 제품은 원래 외단열용으로 개발된 것이다. 이번 프로젝트에서는 내단열 방식에 맞게끔 변형하여 사용했는데, 이에 따른 어려움은 없었나?

-

이&최: 티푸스코리아 단열 프레임은 외단열용으로 개발되었지만, 경량목구조의 스터드처럼 자체 내구성도 지니고 있다. 차리카페의 외벽은 경량목구조의 벽체와 거의 흡사한 구성이고, 다만 목재 스터드가 금속재 단열 프레임으로 변경된 것뿐이다. 다만 지붕은 달랐다. 2.6m나 돌출된 처마를 만들기 위해서 지붕의 보가 캔틸레버 형식으로 연장되어 기둥 밖으로 튀어나가야 했다. 연속된 단열선을 위해서는 보의 상부가 아닌 하부에 단열 프레임을 매달아 시공해야 했다. 현장에서 가장 어려웠던 점은 보와 단열 프레임 사이에 투습 방수지를 설치해야 한다는 점이었다. 외단열 방식에서는 롤 단위의 투습 방수지를 단열 프레임 위에 한번에 펼치면 될 일을 고정 브라켓 하나마다 투습 방수지를 선시공하고 단열 프레임을 매달고 롤 단위의 투습 방수지를 펼쳐, 미리 시공한 조각 투습 방수지와 하나씩 연결하는 수고로움을 감내해야 했다. 결과물에서는 간단해 보이는 처마를 완성도 있게 제작하기란 만만치 않았다.

1. 파형골강판 지붕재
2. PURLIN 각형강관 60x60 @660
3. ø19 ROD BAR W/ 턴버클
4. 그라스울 단열재 125mm 2겹 (단열 프레임)
5. H 형강 100x200 @2000
6. 투습 방수지
7. 투습 방수지(창호)
8. 단열 프레임
9. 창호
10. CRC보드
11. 통기층, 하지틀 아연도 각형강관 50x50
12. 방습지
13. 데크플레이트 75mm
14. 가변형 방습지
15. 목재 천정틀 30x30
16. 바닥모르타르 80mm
17. LVT 비닐타일 5mm

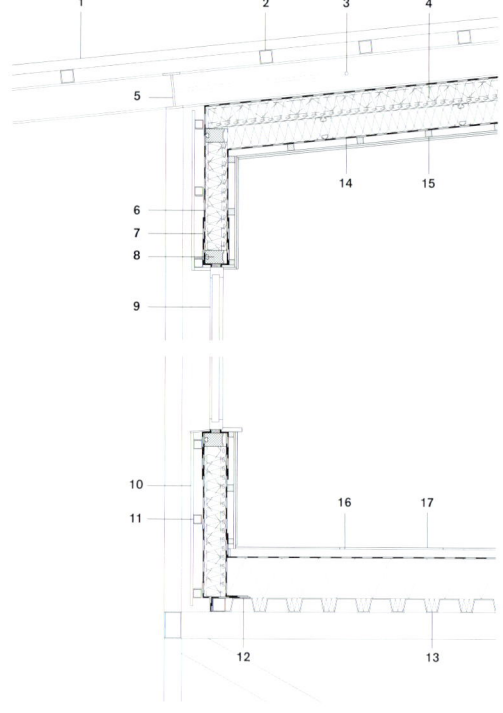

1, 2, 3, 4 건축요소 별 단열 시공: 천장-외벽-외벽-천장

감: 차리카페에 적용된 단열 프레임은 티푸스코리아가 자체 개발한 단열 제품이다. 개발 배경은 무엇인가?

-

신동일(신): 건축을 전공했고, 건설회사에서 근무했다. 2009년 즈음, 전 세계적으로 지구온난화 문제가 논의됐고 한국도 건물에너지 절감을 위한 건축 단열 법규가 강화되기 시작할 때였다. 당시 담당한 프로젝트의 단열은 외장재 설치용 철재 각파이프와 단열재의 조합으로 계획되어 있었는데, 단열이 제대로 될 수 없겠다는 생각에 개선책을 모색했다. 몇 개월간 찾아봐도 뾰족한 수가 나타나지 않았고, 다소 무식한 방법으로 철재 각파이프를 단열재로 모두 감싸고 단열 벽체를 시공했다. 좀 더 수월하게 단열 벽체를 형성하는 방법이 있으면 좋겠다고 생각했고, 2013년 창업으로 이어졌다. 트러스 단열 프레임을 이용한 외단열 시스템을 개발, 제조, 시공하고 있다.

감: 트러스 단열 프레임의 원리를 알려 달라.

-

신: 단열은 열이 빠져나가거나 들어오는 것을 막는 것이다. 고성능의 단열재로 아주 두껍게 감싼다고 하더라도 시간이 더 걸릴 뿐 내외부의 온도 차이가 발생하고 열의 이동이 시작된다. 단열은 이 시간을 최대한 지연시켜야 하고, 이러한 조치에 사용되는 재료가 단열재다. 건물은 이러한 단열재를 뼈대(주요 구조부)에 두르고, 외장재를 덧대어 완성되는데 이 뼈대와 외장재는 대부분 철물로 연결되어 고정된다. 철은 열을 아주 잘 통과시키는 물질이다. 건물 하나를 지을 때 이러한 연결 철물은 수백 개에서 수만 개까지 필요하다. 건물에 열을 가두기 위해 고성능의 단열재로 감싸뒀는데 이 단열재에 열이 잘 통하는 구멍을 수백, 수만 개 뚫어 놓는다면 단열이 제대로 될 수 없다. 이러한 구멍들이 '열교'이고, 이 구멍들의 크기와 개수를 줄이거나 열이 잘 통과하지 않는 재료로 바꿔서 기능을 발휘하게 하는 것이 '열교차단'이며, 이것을 제품화한 것이 '열교차단재'다.

트러스 단열 프레임은 철판과 철선을 가공해서 경량의 트러스 구조를 만들고, 그 프레임 내부에 단열재를 충진한 형태다. 이 트러스 단열 프레임을 단열재 사이에 설치하면 외장재와 뼈대를 단단하게 연결해주는 열교차단의 역할을 한다. 열교의 크기와 개수를 줄이면서 연결철물의 기능은 발휘하는 것이다. 건축물에 사용하는 열교차단재의 종류에는 크게 두 가지가 있는데, 구조에 사용하는 구조용 열교차단재와 외장재에 사용하는 비구조용 열교차단재다. 트러스 단열 프레임은 후자에 속한다.

감: 해당 제품은 어떤 건물에 적용 가능한가?

-

신: 콘크리트 벽체가 없는 철골구조, 기둥-보-슬라브만 있는 콘크리트 라멘 구조에 가장 적합하도록 개발했다. 콘크리트 벽체가 없는 건물에서 열손실이 적은 고효율 단열 벽체를 만들고 외장재까지 설치할 수 있는 방식은 이 트러스 단열 프레임이 유일하다. 콘크리트 벽체가 있는 건물에는 화강석과 같은 고중량의 외장재를 설치할 경우에 유리하며, 콘크리트 경사 지붕 외단열에도 높은 성능을 보인다.

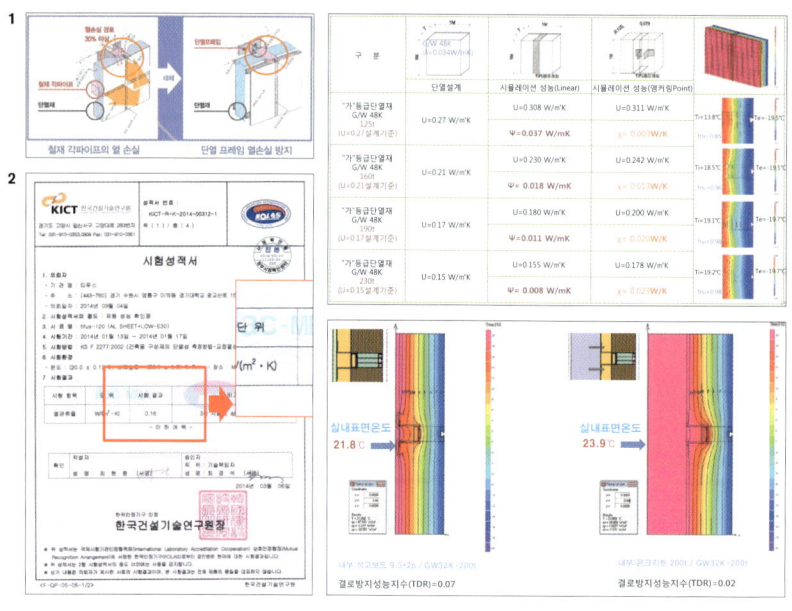

1
기존 각파이프와 단열
프레임의 열손실 개념도

2
열교차단재
(GW48L*125T +
다층구조열반사단열재
30T) 적용 시험성적서

3
단열 프레임 적용 열교
시뮬레이션 검토(내·외장
마감 없음)

4
단열 프레임 적용 열교
시뮬레이션 검토(앵커링
유닛 부위)

감: 2015년 한 인터뷰에서 "국내 열교차단재 시장은 10년 이상 지났지만 아직 초보 단계"라고 언급한 바 있다. 현재 국내 열교차단재 시장의 상황은 어떠한가?
-

신: 2009년 정부는 '제6차 녹색성장위원회 보고회의'에서 건축물의 에너지소비량 기준을 강화하는 로드맵을 발표했다. 2014년에는 '제로에너지빌딩 조기 활성화 방안'을 발표하며 2020년부터 소형 공공건축물 제로에너지 의무화를 제시했다. 몇 년이 지난 현재, 과연 그러한가? 그래도 패시브하우스 인증은 한국패시브건축협회에서 엄격한 기준을 바탕으로 열교 해석, 물리적 분석 등을 통해 충실히 관리되고 있지만, 제로에너지빌딩인증은 열교나 기밀성에 대한 기준, 에너지 해석이 디테일하지 않고 다소 거칠게 관리되고 있어 실제 사용량과 인증된 예상 소요량의 차이가 크다. 이러한 현실에서 열교차단재 시장이 고도성장할 거라고는 기대할 수 없을 것 같다. 그러나 지구온난화를 넘어 끓는 지구global boiling라는 단어가 등장하는 시대에 건물에너지 관리는 앞으로 더욱 혹독해질 가능성이 크다. 고효율 건물의 기본을 단열이고, 단열의 완성은 열교차단이다. 앞으로 더욱 나아질 것이라 기대한다.

감: 앞으로 단열재는 어떻게 변화할 거라 생각하는가?
-

신: 단열재에 있어서는 '어떤 재료가 더 좋나'를 따지기보다는 단열재를 시공해야 하는 위치에 필요한 기능은 무엇인지, 이에 맞는 특성을 지닌 단열재는 무엇인지를 아는 것이 더 중요하다. 특히 물, 불, 경시변화 등에 관한 구조적, 물리적 특성을 고려해야 한다. 가장 많이 사용되는 유기단열재로는 페놀폼, 경질 우레탄보드, 비드법 보온판, 압출법 보온판 등이 있고 무기단열재로는 그라스울, 미네랄울, 퍼라이트 등이 있다. 단열재는 신소재가 개발되지 않는 한 현재 수준이 지속될 것 같다. 초고성능의 진공단열재가 개발됐지만 비용이 높고, 건물에 적용하기에는 열교저감 방법이 난해하여 이에 꼭 맞춘 열교차단 기술이 특별히 개발되지 않고서는 어려울 듯하다. 그다음 고성능 단열재로는 에어로젤이 있는데, 이 또한 아직은 고가라서 부분적으로 사용하는 수준에 그치지 않을까 싶다.

1) 방수지는 물의 이동을 막는 재료이고, 방습지는 투습 방수지로서 습기는 통과시키되 물의 이동은 막는 재료다.
2) 열교차단은 본지 38~39쪽 참고.

이세웅, 최연웅
이세웅은 2013년 아파랏체 건축사무소를 개소했다. 2003년부터 2013년까지 독일에서 공부와 실무를 했다. 2019년 젊은건축가포럼 수상자이고 2021년 젊은건축가상 올해의 주목할 건축가에 선정되었다. 한국패시브건축협회의 실무 교육을 수료했다.
최연웅은 2015년부터 이세웅과 함께 아파랏체 건축사사무소의 공동대표로 활동 중이다. 2003년부터 2015년까지 독일에서 공부와 실무를 했다. 2019년 젊은건축가포럼 수상자이고 2021년 젊은건축가상 올해의 주목할 건축가에 선정되었다.

신동일
신동일은 티푸스코리아의 대표다. 2013년 설립된 티푸스코리아는 외단열 분야의 열교차단 기술을 중점적으로 연구 개발하고 있으며, 단열 프레임을 이용하여 외단열과 외장 마감을 동시에 구현할 수 있는 TIFUS외단열 공법과 친환경 에너지 절감 제품을 개발 보급한다.

물류창고 단열의
세 가지 어젠다:
이천 물류센터

설경모
간삼건축종합건축사사무소 상무

잠들기 전 휴대폰 몇 번의 터치만으로 물건을
구입하고, 바로 다음날 아침 현관문 앞에
배송을 받을 수 있는 쉽고 빠른 오늘날의
세상. 그 뒤에는 **4,899곳**의 물류창고가
있다. 국가물류 통합정보센터가 집계하는
전국 물류창고의 숫자는 매년 증가하고 있다.
단순한 시설을 넘어 하나의 건축 유형으로
자리 잡은 이 물류창고는 어떻게 단열되고
있을까? 이천 물류센터, 광주 도척 물류단지 등
여러 물류창고 프로젝트의 사업관리를 맡은
간삼종합건축사사무소의 설경모 상무를 통해
물류창고의 단열에 대해 들었다.

-
인터뷰 **최은화**
인터뷰이 **설경모** 간삼건축종합건축사사무소 상무
사진 **간삼건축종합건축사사무소**

감씨(감): 일반적으로 건물의 단열은 건물의 주 사용자인 사람에 초점이 맞춰져 사람이 지내기에 쾌적한 실내 환경을 조성하는 것에 방점이 찍혀 있다. 반면 저온 물류센터[1]의 단열은 다소 생소한데, 저온 물류센터로 대변되는 공장 건축물에는 어떠한 단열 성능이 요구되는가?

-

설경모(설): 현재의 에너지 관련 인증 및 효율등급 제도는 거주자 중심의 쾌적성을 기준으로 한다. 그렇다 보니 공장 건축물에서는 단열 성능이 중요하게 다뤄지지 않는 경향이 있다. 하지만 저온 물류센터는 에너지 다소비 건축물이자 단열재 화재위험 노출에 주의를 기울여야 하는 건축물로서 무엇보다도 기밀한 단열 성능이 요구된다. 일반 건축물과 마찬가지로 외기 열을 차단하고 기밀 성능을 유지하는 것은 동일하나, 냉동 온도를 유지하기 위해 에너지를 다량 사용한다는 점에서 에너지 비용 효율성에 중점을 둔다.

감: 작년 한 매체에 기고한 기사에서 저온 물류센터는 "설계 단계에서 여러 환경 조건을 고려하고 임차인의 창고품질 수준에 대한 요구 조건과 보관 품목, 물동량의 변화 등에 기초한 최적설계를 해야 한다"고 설계 단계에서의 단열계획의 중요성을 피력한 바 있다. 현재 업계의 상황은 어떠한가?

-

설: 저온 물류센터는 '가정집 속의 냉장고'에 비유할 수 있다. 집이라는 건축물의 단열이 있고, 집 내부에 냉장고는 '박스 속의 박스 Box in a box'처럼 다시 자체의 방열 구조를 가진 냉동실과 냉장실로 나뉜다. 이처럼 저온 물류센터는 큰 건축물의 구조 안에 방열 구조를 가진 격리된 공간으로서 저온실들이 있는 구조다. 이러한 저온 물류센터를 설계할 때에는 보관 물품에 따른 냉동 적정온도 기준을 설정하고 냉동 기술적 요소, 결로, 누기 등 열환경 성능을 검토하며 장기적으로 사용할 에너지 비용을 고려해야 한다.[2] 하지만 공간이 임대되어 운영되는 경우가 많기 때문에 냉동

설계를 최대치로 하는 것이 일반적이다. 전력부하 및 냉동기기를 최대로, 방열설계의 두께도 기준에 의한 열관류 계산의 결과치가 아닌 앞서 운영되는 냉동창고들의 두께를 답습하곤 한다. 이러한 최대치나 상한값이 아닌, 공학적인 기술 검토와 계산에 의한 최적의 설계가 필요하다.

감: 최근 몇 년간 물류창고에서 연달아 화재 사건과 인명피해가 발생했고, 이에 건축법이 개정됨에 따라 방화 구획 등 화재 안전에 필요한 사항이 강화되었다. 구체적으로 어떤 조건이 새롭게 생겼나?

-

설: 마감재료, 피난, 방화 구조 등의 기준에 관한 규칙이 강화됐다. 특히 재료에 있어서 불연재료, 준불연재료, 난연재료의 기준이 높아졌고 복합자재 심재에 대한 성능 강화가 요구됐다. 건축자재 품질안정 제도를 확대하여 기존의 시험성적서가 아닌 품질인정서를 사용승인 시 첨부하도록 변경됐다.[3] 단열재의 경우, 제조 현장에서의 품질관리 상태를 확인할 수 있고 성능시험 관리가 강화된 품질인정 제품만 시공 현장에서 사용할 수 있다. 또한 시공 과정의 화재안전을 위해 동시작업 금지, 일일 사전작업 허가제가 시행되고 있다.

감: 물류창고 건물은 일반적으로 어떻게 단열되는가?

-

설: 이제까지 물류창고에 적용되어온 단열 공법은 금속 구조와 샌드위치 패널 혹은 콘크리트조에 우레탄 뿜칠이라고 하는 발포 우레탄 스프레이 공법이 지배적이다. 우레탄 원액을 현장에서 혼합하여 뿜칠로 발포하는 공법이다. 샌드위치 패널에는 단열심재로서 비드법 보온판, 폴리이소시아네이트 등을 적용한 경우가 많다. 이러한 우레탄을 이용한 단열은 접합부 없이 밀실하게 시공이 가능하다는 장점이 있다. 하지만 현장 시공자의 숙련도에 따라 품질의 편차가 커서 품질관리가 어렵고, 우레탄 소재 자체가 가연성이 크고 유독가스를 발생시키며 단열심재인 비드법 보온판, 폴리이소시아네이트 또한 가연성 소재로 화재에 취약하다는 치명적인 단점이 있다.

감: 이천 물류센터 프로젝트에는 어떠한 단열 공법이 적용되었나? 기존의 우레탄 뿜칠이 아닌 새로운 단열 방식을 고민해야 했을 텐데 그 과정에서 중요하게 고려한 사항들은 무엇인가?

-

설: 이천 물류센터는 이천시 부발읍 수정리에 위치하는 건물로 연면적 8만 893.4m² 지하1층, 지상3층 규모다. PC구조와 철골PEB, Pre-Engineering Building구조4)로 지어졌고 지하층에는 냉동창고, 지상층에는 상온창고가 있다. 냉동창고 방열설계는 일반적인 우레탄 뿜칠로 계획된다. 이번 프로젝트에서는 폴리이소시아네이트와 페놀폼을 시공한 뒤 표면에 닫힌 셀 구조의 고무발포 단열재로 마감하는 신공법으로 제안하고, 목업을 통해 시공성과 내화 성능을 테스트했으나 여러 문제로 인해 실제로는 우레탄 뿜칠로 시공되었다. 제안했던 새로운 단열 방식은 크게 세 가지 주안점을 두고 개선했다. 첫째는 화재안전성이다. 앞서 언급한 대로 물류창고의 단열 공법은 우레탄 뿜칠이 널리 적용되어 있고, 현재 건축법 및 소방법에 기준한 표면 준불연 성능을 만족시키기 위해서 우레탄 뿜칠 위에

무기질 뿜칠을 적용하거나, 아연도골강판으로 표면을 덮는 요식 행위를 취한다. 이러한 방식은 화재의 급속한 확산을 야기한다. 이번 프로젝트에 사용된 재료는 심재 준불연 등급으로 화재 위험을 보완한다. 둘째는 장기 단열 성능이다. 우레탄 뿜칠 위에 하는 무기질 뿜칠은 발포된 표면의 무수한 기공들로 인하여 습기를 빨아들이는 성질이 있는데, 저온 물류센터의 얼고 녹는 과정의 반복에서 소재가 갈라지고 떨어지는 문제가 있다. 또한 습기를 머금거나 얼고 녹는 과정에서 열전도율이 지속적으로 상승하는 성질이 있다. 이번 이천 물류센터에서는 여러 논문을 참고하여 온도 변화와 열적 스트레스에 의한 열전도율 변화, 습기 노출에 따른 저항성 등에 대해 연구했다. 특히 이번에 사용된 고무발포 단열재는 투습저항계수가 1만μ로 습기에 의한 장기단열 성능의 변화가 아주 적다. 또한 단열재 접합부의 열교를 방지하기 위해 단열재를 설치할 때 열화상 측정을 통해 성능 지속성을 확인했다. 셋째는 위생이다. 기존의 뿜칠 방식은 소재의 낙진 및 흡습에 따른 세균과 곰팡이 발생 가능성이 있다. 이번 프로젝트에서는 자재를 열교차단 스패너로 고정하는 건식 공법으로 시공하여 기존의 문제를 해결하고 물류창고의 실내 공기 질을 개선할 수 있었다. 이후 제안한 신공법에 대해 국가기술연구원에서 과제연구를 지속하고 있고 실물모형 테스트 등 실증 단계 연구가 진행되고 있어 조만간 저온창고 설계에 적용될 것으로 예상한다.

감: 물류창고의 단열은 앞으로 어떻게 변화할 거라 생각하는가? 혹은 어떻게 변화하기를 바라는가?

-

설: 물류창고 단열의 발전은 난연 성능을 향상시키기 위한 방향으로 지속될 것이라고 본다. 동시에 시설의 화재 강도와 수용 물품의 등급에 대한 기준을 정립하고 화재위험성 평가 기술개발이 진행되어 있어 보다 안전성을 갖출 것이다. 소재에 있어서는 대표적으로 새로운 소재의 단열재인 상변화물질PCM, Phase Change Material 5)이 있는데, 현재 연구 단계를 지나 응용 및 실적용의 단계로 해외에서 관심을 받고 있다. 다만 현실적으로 우레탄 뿜칠 공법이 당장 다른 것으로 대체되지는 않을 것 같다. 시공자의 숙련도가 중요한 공법인 만큼 국가 또는 민간이 해당 기술을 교육하고, 일정 기간 교육을 이수한 자에게 자격을 부여하여 검증된 시공자만이 시공할 수 있도록 제도가 보완된다면 물류창고 건물의 단열 성능이 일정 수준 이상으로 확보될 수 있지 않을까 싶다. 단열 에너지 효율성, 화재안전성에 있어서 정량적 평가 기준이 마련된다면 물류창고 건물에도 등급 제도가 생길 수 있어서 건물의 임대료를 결정하거나 안전 관리를 하는 데 중요한 지표가 될 수도 있겠다고 예상해본다.

1) 저온 물류센터는 제품의 보관, 포장 및 유통되는 창고를 의미한다. 크게 두 유형으로 분류할 수 있는데 부패하기 쉬운 물품을 신선하게 보관하는 냉장창고, 냉동보관 제품을 위한 냉동창고이다.

2) 보관 물품에 따른 부하 및 운영에 의한 직간접적인 에너지 손실에 대한 부하계산이 선행되어야 한다고 전문가들은 말한다. 예측을 바탕으로 냉동기, 유닛쿨러, 응축기 등 설비 및 공조와 전체적인 전기전원용량 등에 개선효과를 줄 수 있기 때문이다. 이는 용도별 물류창고의 설계 차별성에 매우 중요한 영향을 끼친다. 예를 들어, 기존에는 상온과 저온이 7:3 정도의 비중이었으나 최근에는 5:5로 저온 부문이 커지고 있는데, 이러한 용도별 차이를 설계 단계의 단열계획 시 반영해야 한다. 또한, 지역별로도 차이가 나타나는데 지방에 위치한 물류창고는 장기보관을 목표로 하는 순수 저장용 창고의 비중이 높은 반면 수도권의 물류센터는 단순히 들어왔다 나가는 형태가 많다. 따라서 적용되는 냉동설계 역시 차이를 두어야 한다. 수도권의 물류센터의 경우에 보다 더 환기부하를 최대치로 두고 부하를 계산해야 하고, 에어커튼과 수분을 바로 냉각시켜 결로를 예방하는 시스템이나 제습용으로 전기실에 설치하는 에어쿨러 강화를 고려해야 하는 것이다. (이성규, 황준하, 「저온물류센터의 첨단 냉각 시스템 및 방열설계 방안」, 2021년 9월, 대한설비공학회.)

3) 2021년 국토교통부가 시행한 '건축자재 품질인정 및 관리기준'에 따라 품질인정제도가 도입됐다. 품질인정제도는 화재안전 성능이 요구되는 건축자재 등이 적합하게 생산되는지 전문기관을 통해 인정받고, 인정받은 대로 현장에서 유통 및 시공될 수 있도록 성능과 품질을 관리하는 제도다. 기존 열방출률, 가스유해성 등만을 검증했던 것과 달리, 실물모형시험(KS F 8414)까지 통과하도록 요구하는 등 시험 기준을 강화시킨 것이 특징이다.

4) PEB (Pre-Engineering Building) 공법은 공장에서 미리 만들어 건축현장에서 조립하는 철골 구조를 말한다. 일반 철골 구조와 다르게 구조 부재(기둥, 보 등) 가운데 힘을 크게 받는 부분은 부재 단면을 키우고, 힘을 적게 받는 부위는 단면을 작게 해 비용과 무게를 줄이는 기술이다. 공장, 물류시설, 전시상, 격납고 등 대형공간을 필요로 하는 건물의 내부 기둥을 없애 공간 활용을 극대화할 수 있다.

5) 상변화물질은 특정 온도에서 고체에서 액체, 액체에서 기체 또는 그 반대 방향으로 상이 변화하는 과정에서 온도의 변화를 유발시키지 않고 많은 양의 열에너지를 축적하거나 방출할 수 있는 물질이다.

설경모

설경모는 건축물에너지 평가사, 건축시공 시술사, CCIM이다. 남산 타워호텔(반얀트리) 리모델링, 제주도 중문L+L 호텔 프로젝트 등의 프로젝트 매니저(PM)로 역임했으며 주요 분야는 저온 물류센터, 도시형 공장, 아파트, 병원, 모듈러 건축물 등의 CM 및 감리이다. 물류시설 화재안전R&D의 전문 자문위원으로 활동 중이며, 그린리모델링 시공가이드북(LH공사)을 공동 집필했다.

디자인으로 풀어낸 건물의 단열:
세림 서울지사 Pad(dock)

마준혁, 안미륵
원애프터 공동대표

건물의 단열 성능을 고려할 때 재료의 등급이나 기술적인 면에
몰두하다 보면 예산적 한계와 재료 선택의 문제를 마주하게 된다.
그러나 관점을 바꾸어 재료가 아닌 공간의 효율로 접근해 보면
'문제'를 디자인의 요소로 전환할 수 있다. 단열 체계를 디자인으로
승화시킨 방법에 관해 이야기를 들어보았다.

-
인터뷰 허보경
인터뷰이 마준혁, 안미륵
원애프터 공동대표
사진 장 미(별도 표기 외)

공사 이전의 세림 서울지사, 건물 전경과 1층 실내.

감씨(감): 성수동에 위치한 라벨 제조사 공장 건물의 대수선을 맡았다. 프로젝트에 대한 소개를 부탁한다.

-

안미륵(안): 기존 건물은 성수동에서 흔히 볼 수 있는 붉은 벽돌로 마감한 유형의 건물이었다. 1970년대에 지어졌기 때문에 노후화로 인해 콘크리트 구조체와 벽돌 사이의 단열재가 기능을 거의 상실하다시피 했다. 창문들도 단열 성능이 저조하여 겨울철에는 실내에 있어도 입김이 나올 정도였다.

마준혁(마): 여름에 덥고 겨울에 춥다는 점이 건축주의 고민이기도 했는데, 단열 기준의 제도적 강화 이전에 지어진 건물들이 가진 특징이다. 이러한 점에서 공장이라는 건물 용도를 고려하되 공간의 효율성을 높이는 단열 방법에 집중했다. 단열 체계에 관한 고민과 접근 방법이 자연스럽게 건물 형태에 반영되었다.

안: 프로젝트 이름에 건물 형태에 관한 암시가 담겨있다. 'Paddock'이란 동물을 지키기 위해 설치하는 울타리, 목장 등을 뜻한다. 단열재로 새롭게 건물의 경계를 만들어 주고, 추운 날씨에 두꺼운 외투를 입는 것처럼 단열재(pad)를 건물에 덧 댄(dock) 작업이라는 의미를 담아 'Pad(dock)'이라고 지었다.

감: 건물 외형에서 두께감이 두드러진다. 디자인의 맥락이 궁금하다.

-

안: 건축물에 단열을 적용할 때 보통의 순서로는 형태적으로 접근해 외관을 디자인한 후 법규에 따라 단열재를 붙인다. 그러나 우리는 온도와 습도 조절 등 단열 체계에 관한 근본적인 방식에 초점을 맞추었다. 단순히 단열재를 붙이는 작업보다 사람이 공간을 효율적으로 활용할 수 있는 방법에 대해 고민했다.

감: 단열을 고려함에 있어서 공간 프로그램부터 접근했다는 의미인가?

-

마: 기존에는 1층과 2층에 기계시설, 창고, 사무 공간이 뒤섞여 있었고 2층에는 사무 공간 옆에 1층으로부터 물건을 운반하는 거중기와 게이트까지 있었다. 공간 활용의 효율성을 고려했을 때 사용 목적에 따른 프로그램 분류와 계획이 필요했다. 이에 따라 별관과 주 건물을 통합하여 동선을 확장하고 1, 2층의 공간 프로그램을 재배치했다. 1층은 가공, 보관, 유통까지 효율적으로 연결될 수 있도록 생산과 창고 프로그램에 중점을 두어 배치하고 2층은 사무 공간 중심으로 구성했다.

　1층은 기계 작동으로 인해 열이 생성되기 때문에 항상 문을 열어놓아야 해서 최소 단열 기준을 고려해야 했다. 반면에 2층은 사람이 상주하며 일하는 공간이기 때문에 더 높은 단열 성능이 요구된다. 그리고 건물 뒤쪽은 대지경계선에 완전히 인접해 있어 외단열이 어려워 내단열을 택했다. 이러한 조건들을 토대로 단열재를 시공했고 이에 따라 자연스럽게 두께감이 생겨 건물의 전체적인 형태로 확장되었다.

©one-aftr

Section

1층은 기계 작동과 작업하는
공간으로, 2층은 사무 일을
하는 공간으로 구성되었다.

©one-aftr

Wall section　세림 서울지사 2층 사무실 전경.

2층은 사람이 머무르며
일하는 공간이므로 1층보다
단열재를 두껍게 부착했다.
단열재를 두껍게 부착할
경우 접착제만으로는 단열재
탈락의 위험성이 있어 시공
업자와 단열재 부착 방식에
관해 논의할 필요가 있다.
원애프터의 외부 단열재
시공의 경우 타공 공구를
이용하여 패스너로 단열재를
고정했다.

감: 이 건물에 적용된 단열 조건은 무엇이었나?

-

안: 중부2지역 기준에 따라 벽에는 페놀폼
80mm 외단열을, 지붕에는 경질우레탄폼 보온판
220mm로 내단열을 적용했다. 1층은 최소 기준에
따라 페놀폼 80mm 두께의 단열재를 붙였고,
반면에 2층에는 페놀폼을 기준치보다 두껍게
300mm를 적용했다. 2층의 경우 파라펫이
건물의 앞면보다 200mm 돌출되어 있었고 그
면에 일직선상으로 단열재를 맞추어 시공하니
300mm까지 두께가 형성되었다.

마: 건물 전체 면적에서 개구부가 차지하는 비율
또한 단열 조건의 하나이다. 이 건물은 1, 2층
앞면과 뒷면으로 개구부가 있었는데 뒷면 창들의
경우 다른 공장에서 발생하는 소음과 매연으로
인한 문제가 있었다. 「건축물의 피난·방화구조
등의 기준에 관한 규칙」을 고려하여 건물 앞면의
창문만으로도 일조량과 환기량을 높일 수 있도록
개구부 크기와 비율을 확보하고 건물 뒷면의 창을
폐쇄하는 방향으로 설계했다.

감: 단열을 고민할 때 까다롭게 작용한 부분이 있었나?

-

안: 과거에 비해 현재는 단열 기준이 제도적으로
훨씬 강화되어 단열재의 두께나 열관류율 등의
수치가 달라졌으나 프로젝트 예산은 한정적인
부분이 있다. 마감재보다 구조와 단열재를
보강하는 일에 중점을 두고 최소한의 효율을
지키면서 단열 체계를 구축하는 방법을 고민했다.
재료 선정에 따라 단열 방식을 달리해볼 수
있겠다는 생각으로 접근했다. 예를 들어 낮은
등급의 비드법 보온판보다 더 높은 등급인 제품을
사용하는 쪽이 벽을 더 얇게 형성할 수 있다. 두께,
성능, 가격 등을 고려하여 효율성 높은 단열재를
선정해 예산적인 부분을 보완했다.

디자인적으로는 단열재로 인한 단차 극복의
방법, 단열재를 활용한 두께감 구현의 방법을
고민해야 했다. 그리고 단열재를 많이 붙이면
시공에 한계가 있어 시공사와의 구체적인 논의와
조율이 필요했다.

마: 신축 프로젝트라면 공사 도면과 큰 차이 없이
구현이 가능하지만, 대수선의 경우에는 실측에
오류가 생기거나 해체 작업으로 인해 다른
작업에 지장을 주는 등의 상황이 발생한다. 이번
프로젝트에서도 이러한 불확실성과 변동으로
인해 단열재 시공에 까다로움이 있었다. 예를 들어
증축으로 인해 어긋난 부분, 기둥이 튀어나온
부분, 캐노피와 같이 외벽에 설치된 구조물 부분에
단열재를 어떻게 시공해야 하는지 현장 상황에
따라 계속해서 수정하고 조율해야 했다.

**감: 단열을 재료에 국한하지 않고 공간 활용과 디자인
면에서 접근했다.**

-

마: 건물 자체도 열을 받고 숨을 쉬는 존재라고
생각해보면 단열은 공간의 온도에 변화를 주는
체계라고 할 수 있다. 공기를 순환시키거나 햇빛을
활용하는 방식을 통해서다. 반면에 단열재는 단열
체계를 위한 하나의 도구라고 볼 수 있다.

안: 이번 프로젝트 이전에도 건물의 효율을
위해 단열 체계를 어떻게 만들어갈 수 있을지
지속적으로 논의해왔다. 예를 들어 축열벽[1]의
변형으로서 콘크리트 벽체 앞에 일정한 갭^{gap}을
두고 폴리카보네이트 벽을 세워 축열 층을
구성하는 방법을 시도한 적이 있다. 태양열을 받는
양과 열의 순환 정도를 조율해가며 효율적인 단열
체계를 구조적으로 강구하는 방법이다.

감: 두께에 대한 어려움을 디자인적으로 어떻게
접근해야 할까?

-

마: 단열재는 하나의 도구라고 생각하기 때문에
두께 자체에 대한 두려움은 없었다. 축열벽을 예로
들면, 유리나 폴리카보네이트와 같은 외장재를
포함해 벽까지의 갭이 1m 이상으로 두꺼워질
수 있는데, 두꺼워져서 생긴 공간을 버릴지 혹은
디자인의 일환으로 활용할지를 고민하는 일이
건축가의 영역이라고 생각한다. 과거의 디자인을
상기해보면 슬라브나 유리 두께를 쌀알만큼
비현실적으로 얇게 만들었다. (웃음) 반면
오늘날에는 건물 두께가 두꺼워지더라도 에너지
효율성이 충족되면 좋다고 생각하는 것 같다.
제도나 기준이 강화될수록 벽이 두꺼워지겠지만,
오히려 디자인 면에서의 기회나 건축적 요소로
활용할 수 있는 방향을 찾을 수 있다.

안: 두꺼운 벽을 디자인적으로 싫어하는 건축가가
있을 수 있다. 우리는 피할 수 없는 부분을
디자인적으로 활용해보려는 태도로 임한다.
단열의 경우에도 단열재는 공간을 형성하는 재료
중 하나일 뿐이고 오히려 환경적인 체계를 조정해
디자인으로 승화할 수 있다고 생각한다.

1) 축열벽(Trombe wall): 1967년 프랑스 건축가 자크 미셸Jacques Michel이
처음 구현한 축열벽은 열을 흡수하는 재료를 유리로 덮어 만든 벽체를
의미하며 태양열을 실내로 전달하는 기능을 한다. 일반적인 축열벽의
구성으로는 벽돌이나 콘크리트 등으로 100~400mm 두께의 축열체를
세우고 이 벽으로부터 20~50mm 떨어진 위치에 유리 패널을 배치한다.
낮 시간 동안 태양열이 유리를 통해 축열체에 흡수된 후 약 10시간 뒤에
천천히 실내로 방출된다. 열의 흡수량과 잔존 시간은 축열벽 구성에 따라
다르기 때문에 재료를 달리하여 조절할 수 있다.

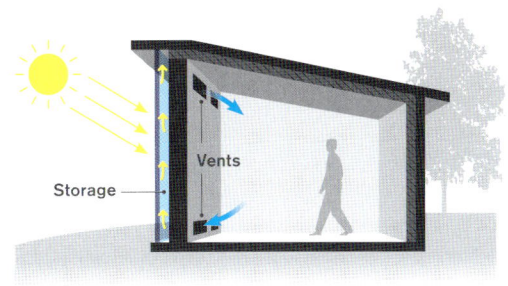

Storage: 유리와 벽(축열체) 사이의 공기가 태양열에 의해 가열된
후 천장 쪽의 통풍구를 통해 실내로 유입된다. 반면에 낮은 온도의
공기는 실내에서 배출된다.
Vents: 천장과 바닥면의 통풍구.

마준혁, 안미록
마준혁은 데이비드슨 칼리지에서 인류학 학사학위를 받은 후 프린스턴 대학교에서 건축학
석사학위를 받았다. 원애프터one-aftr 설립 이전에는 oma/amo에서 실무 경험을 쌓았다.
시라큐스와 버지니아 대학교에 출강했으며 현재 연세대학교 겸임교수다.
안미록은 프린스턴 대학교에서 건축학 학사학위를 받은 후 컬럼비아 대학교에서 건축학
석사학위를 받았다. 원애프터 설립 이전에는 스튜디오 다니엘 리베스킨트Studio Daniel
Libeskind에서 실무 경험을 쌓았다. 홍익대학교 건축학과에 출강했으며 현재 국민대학교
겸임교수다.

3

ISSUE

단열재는
두꺼울수록
효과적일까?

여름에 시원하고 겨울에 따뜻한 집은 이상 그 자체다. 그러다 보니 상품화된 주택의 마케팅에 있어서 단열은 주요한 요소로 자리매김했으며, 홍보 전략 중 하나로 그 두께가 강조되기도 한다. 일반 건축주 사이에서도 단열 성능을 높이고자 두꺼운 단열재를 요청하는 일은 흔하다. 정말 단열재는 두꺼울수록 효과적일까? 이에 대한 답과 간과하고 있는 사실이 없는지를 파헤친다.

-

글 공수연

단열재 두께에 대한 진실과 오해

단열재가 두꺼울수록 효과적이라는 말은 반은 맞고 반은 틀리다. 그 이유를 설명하기에 앞서 '무엇'이 효과적인지에 대해 확실히 할 필요가 있다. 먼저 단열성의 경우 단열재가 두꺼워질수록 이론상으로 좋아진다. 그렇다고 이상적으로 두께에 정비례해 향상되는 것은 아니다. 왼쪽 하단의 표는 단열재 두께와 열관류율의 상관관계를 나타낸다. 열전도율이 각기 다른 단열재들은 공통으로 100mm대 중반까지는 열관류율이 확연히 낮아지지만, 그 이상부터는 점점 미미하게 변한다. 한국패시브건축협회에 따르면, 열전도율이 0.034W/mK 정도 되는 단열재가 70mm 두께인 상태에서 열관류율을 0.1W/m²K 낮추려면 단열재를 약 18mm만 더하면 된다. 그러나 150mm 두께에서 열관류율을 0.1W/m²K 낮추고자 한다면 117mm 정도가 더 필요하다. 즉 단열재가 적정 수준 이상으로 두꺼워진다면 열관류율이 낮아져 단열 효과가 좋아질 수밖에 없지만, 이것이 효율적이라 하기에는 무리가 있다.

열전도율이 각기 다른 단열재를 비교해도 마찬가지다. 왼쪽 하단 표에서 열전도율이 가장 낮고 가장 높은 두 단열재가 0.3W/m²K이라는 동일한 열관류율을 달성하기 위해서는 두께가 약 60mm 차이 난다. 한편 더 낮은 0.14W/m²K 열관류율을 충족할 때는 격차가 약 110mm로 벌어진다. 목표 열관류율이 낮을수록 저성능 단열재를 두껍게 하기보다 고성능 단열재를 상대적으로 얇게 쓰는 게 더 낫다는 뜻이다.

둘째로 경제성 역시 단열재가 두껍다고 마냥 우수한 건 아니다. 단열재 두께와 경제성을 비교하는 데에는 생애주기비용LCC, life cycle cost의 관점에서 해석하는 방법이 있다. 자재 생산 단계부터 따져보면 대부분의 업체에서 보편화된 두께 이상의 제품을 양산하지 않다 보니 단열재가 두꺼울수록 자재비가 많이 들 수밖에 없다. 또한 단열재의 부피가 커지기 때문에 운송비나 공사비도 비싸진다.

한편 건물의 운영 단계에서 단열은 냉난방에 필요한 에너지와 관련된다. 단열과 냉난방 부하에 관한 국내 논문들에서는 단열 성능의 향상이 냉방 부하보다 비교적 난방 부하를 절감하는 데 큰 영향을 미치는 것을 확인할 수 있다. 심지어 국내 건축물에서 독일의 패시브하우스 수준(열관류율 0.15W/m²K)으로 단열 성능을 맞춘다면 오히려 저층부의 냉방 부하가 상승하는 결과가 나타난다(오른쪽 하단 표 참고). 이는 바닥 지표면의 단열이 강화되면서 땅의 냉기가 더욱 차단되기 때문이다. 그럼에도 패시브하우스가 위와 같은 기준을 고수하는 이유는 냉방보다 난방에 에너지가 더 많이 쓰일뿐더러, 앞으로도 에너지 비용이 꾸준히 오른다고 가정하면 이것이 경제성에서 유리하다고 판단해서다.

패시브하우스 수준의 단열 성능은 곰팡이와 결로를 예방하는 데도 효과적이다. 단열이 불량하면 건물 노후화가 빨리 진행되기에 건축물 수명을 단축시킨다. 그러나 단열재를 두껍게 시공할 시 실제 사용할 수 있는 공간이 줄어든다는 사실을 잊지 말아야한다.

이렇듯 단열재가 두꺼울수록 효과적이라는 말에는 약간의 어폐가 도사리고 있다. 건축 마케팅에서 이야기하는 두꺼운 단열재 역시 과하지 않은 선에서의 두께임을 암묵한 것이다. 단열재의 최적 두께는 목표 단열성, 경제성, 시공성, 효용성 등을 고려해 결정해야 한다.

단열재 두께와 열관류율의 상관관계

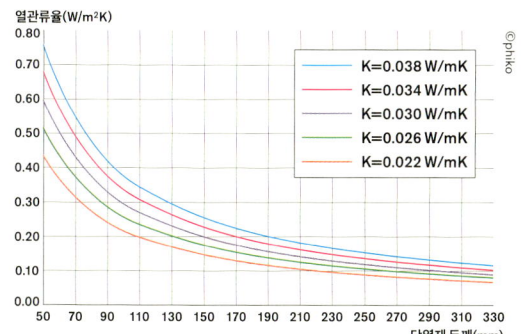

열관류율(W/m²K)

K=0.038 W/mK
K=0.034 W/mK
K=0.030 W/mK
K=0.026 W/mK
K=0.022 W/mK

단열재 두께(mm)

냉난방 부하 비교

단위: kWh/yr		최하층 (1층)	중간층 (8층)	최상층 (15층)
2010 에너지 절약 설계기준	난방	3,835	3,740	6,779
	냉방	1,071	1,981	2,745
독일 패시브 하우스 기준	난방	1,360	1,053	2,681
	냉방	2,146	1,698	2,370
제로 에너지 Green Tomorrow	난방	1,226	821	1,296
	냉방	2,402	1,691	2,345

출처: 서성모, 박진철, 이언구, 「국내 건물 단열기준에 따른 냉난방 부하 분석 및 최적 단열기준에 관한 고찰」

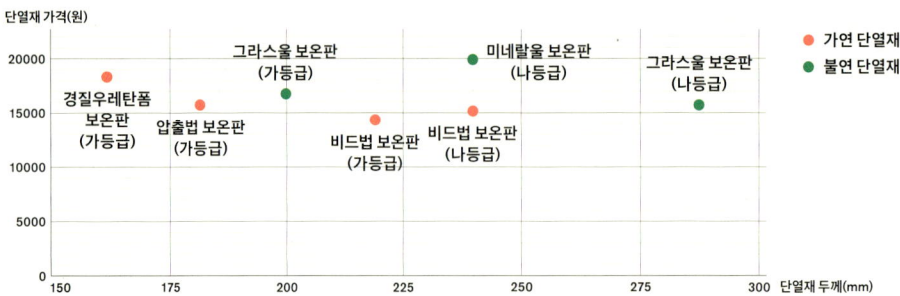

단열재별 법적 최소 두께에 따른 1m²당 단가
(중부1지역, 공동주택, 거실의 외벽 외기에 직접 면하는 경우 열관류율: 0.150W/m²K 이하)

 건식구조에서 벽과 다른 벽 또는
바닥과의 접합부

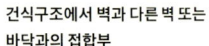 건물의 각종 누기 부위

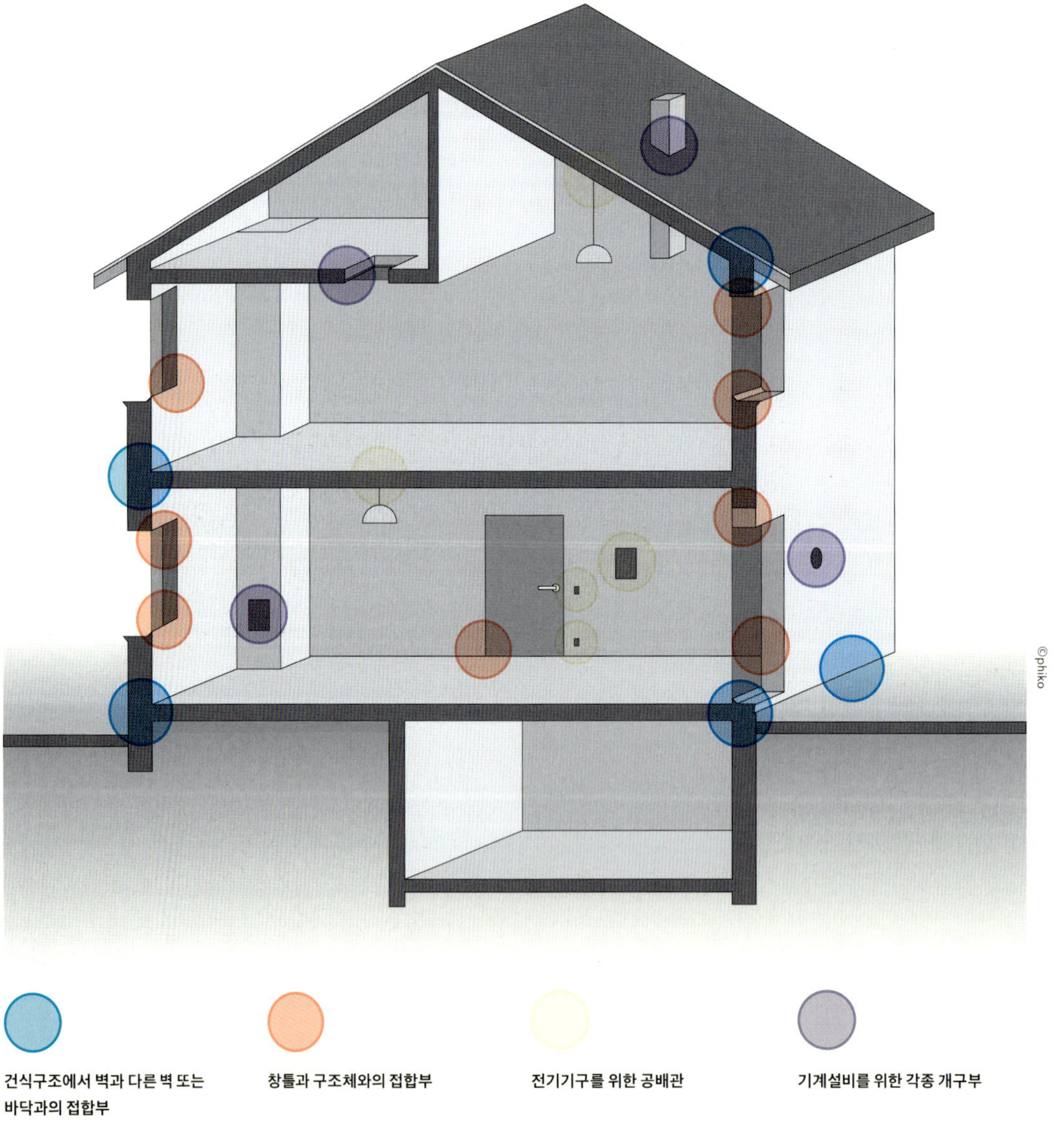

 창틀과 구조체와의 접합부

 전기기구를 위한 공배관

 기계설비를 위한 각종 개구부

단열 두께만큼 중요한 열교와 기밀

단열 두께만을 강화해 난방비를 줄이려는 발상은 하자 발생 가능성이 농후하다. 단열 두께만큼 열교가 중요하다. 외단열은 열교 방지의 기본이 되지만 이 공법에서도 발코니와 같이 열교가 발생하는 부위가 있다. 발코니의 열 손실량에 대한 한국패시브건축협회의 시뮬레이션은 다음과 같다. 높이 6m, 길이 8m 벽체가 있고, 450㎜ 두께 중 200㎜는 철근콘크리트이며 나머지 250㎜는 비드법 보온판 1종 3호로 외단열 미장마감했다. 한 시간 동안 실내외 온도 차이가 1도 날 때, 이 48m²의 벽면 전체를 통해 손실되는 열량은 약 7.2Wh이다. 이 벽체에 길이 방향으로 발코니를 만들면 단열재가 끊어져 이 부분에 열교가 발생한다. 이때 발생한 열교 값은 0.7561W/mK인데,

발코니 길이 8m를 곱해 전체 발코니에 의해 손실된 열량을 구하면 6.05Wh 정도가 된다. 이 값은 면적 48m²인 벽면 전체에서 손실된 열량(7.2Wh)과 비슷하다. 이는 건축물의 국소 부위에서 발생하는 열교를 무시해서는 안 된다는 것을 시사한다. 열교와 관련한 자세한 내용은 본지 38~39쪽에서 살펴볼 수 있다.

또한 기밀은 단열과 떼려야 뗄 수 없는 보완적 존재다. 겨울철에 많은 이가 사투를 벌이는 외풍도 기밀과 관련한다. 한국패시브건축협회의 실험과 여러 국내 연구에 의하면, 국내 일반 집의 틈새 바람은 매시간 건물 전체 체적의 30~60%에 육박한다. 집의 절반 크기에 해당하는 바람이 매시간 드나든다는 뜻이다. 열교와 마찬가지로 건물의 틈은 눈에 잘 띄지 않지만, 여기저기 흩어져 있는 틈새를 통해 손실되는 에너지는 애써 두껍게 시공한 단열재의 성능과 이익을 깎는다.

물 먹은 단열재를
둘러싼 말들

'단열재가 물을 흡수하면 단열 성능이 많게는 70%까지 저하된대요',
'비드법 단열재는 물을 잘 흡수하니까 기초 공사에 쓰지 마세요'.
사계절 뚜렷하고 일교차 큰 대한민국이기에 물과 관련된 단열재 이야기는 특히나 무성하다.
도대체 단열재가 물을 먹으면 어떤 일이 벌어지길래 이토록 관심이 뜨거운가.
구전처럼 이어져오는 국내 물 먹은 단열재 소문을 모았다.

-

글 윤솔희

잠깐, 단열재는 왜 물을 먹을까

'물은 우리 주위 어디에나 있다'란 명제가 건물 바닥, 벽체에도 통하는지 궁금한 여러분에게 먼저 답을 드리면, 그렇다. 수분은 토사 지반과 줄기초 사이에도, 벽과 단열재 사이에도 있다. (하물며 공기 중에도 수증기 농도가 있지 않은가!) 아무리 시공에 주의를 기울이고 신경을 쓰더라도 퍼펙트 월The Perfect Wall 1)을 현실로 구현하기는 사실상 불가능하다. 그러므로 이 수분을 어떻게 제어하고 관리할 것이냐가 건물을 짓는 내내 중요한 과제로 떠오른다.

그렇다면 건물에 수분은 언제 생기는 것일까. 유형별로 크게 두 가지 상황을 고려할 수 있다. 첫째, 땅에 흐르는 지표수, 하늘에서 내리는 비처럼 많은 양이 건물의 넓은 면적에 닿는 경우다. 이것을 피하는 게 통상적으로 우리가 하는 단열과 방수의 기본 의도라고 할 수 있다. 둘째, 공기의 이동으로 인해 결로수처럼 특정 부위에 물이 맺히는 상황. 이는 기후에 따라, 시간에 따라 발생하는 물의 양이 다르고, 심지어 어디로 수증기가 유입되어 어디에 물이 맺히는지 육안으로 즉각 확인하기 어려운 경우가 많다. 즉, 거주자, 시공자의 애를 태우는 대표 골칫거리다.

단열 성능이 저하되는 이유는

단열의 제일 목표는 열 손실 최소화다. 단열재의 제일 기능도 열 손실 방지다. 그런데 이 열 손실 방지를 방해하는 가장 큰 요소가 바로 물이라고 한다. 기본적으로 단열재란 일정 두께만큼 공기층을 이뤄 이쪽과 저쪽 사이의 열전도를 막는 원리다. 만일 이 단열재가 물에 젖었다면 공기 자리에 물이 들어갔다는 뜻. 상온에서 공기의 열전도율은 약 0.02 kcal/mh℃인데 물은 약 0.5 kcal/mh℃, 즉 공기보다 물이 약 25배 열을 잘 옮긴다. 이렇다 보니 단열재 성능을 말하는 문장마다 해당 소재의 흡수성이나 투습성 혹은 내습성에 대한 언급이 빠지지 않고 등장하는 것이다.

단열재가 젖었을 때 단열 성능 저하 말고도 심각한 문제는 더 있다. 곰팡이가 발생하고 번식하여 맞닿아 있는 재료뿐만 아니라 공기를 오염시킨다. 또한, 단열재 그 자체는 물론 맞닿은 재료까지 부식을 촉진한다. 기온이 하강해 얼기라도 한다면 체적이 팽창하여 심각하게는 마감재를 손상하거나 박리할 수도 있다. 그러므로 전문가들은 젖은 단열재를 발견한다면 모조리 제거하고 부착 면 건조부터 다시 출발하라고 입 모아 조언한다.

단열재별로 흡수율은 얼마나 차이가 날까

단열재 흡수율은 그 실험 보고서를 온라인상에서 쉽게 찾아볼 수 있을 만큼 인기 있는 주제다. 그중 국토교통부 기술연구개발의 기술촉진연구사업 일환으로 김봉주 공주대학교 건축공학과 교수 연구팀이 수행한 시간 경과에 따른 「단열재 흡수율 연구」를 보자. 이들은 유기계인 페놀폼(PF), 경질우레탄폼(PIR 2종2호), 준불연 경질우레탄폼(PIR 준불연), 난연 비드법(난연 EPS), 압출법(XPS)을 대상으로 실험을 진행했다. 크기는 동일하게 100×100×50mm로 가공했고, 3일을 주기 측정하다가 7일 주기로 수치를 확인했다. 그 결과, 1일 후 측정한 최초 흡수율은 페놀폼이 3.21%로 가장 빠른 속도로 증가했고 무게 또한 18.42g으로 큰 증가량을 보였다. 그 다음으로는 PIR 준불연, PIR 2종2호, 난연 EPS, XPS 순으로 나타났다. 다만, 43일이 경과했을 때는 2순위가 달라졌다. 흡수율 증가세가 페놀폼 다음으로 난연 EPS, PIR 2종2호, PIR 준불연, XPS 순이 된 것. 마찬가지로 무게 평균 측정값 증가량 순위도 바뀌었다.

무게 평균 측정값 (단위: g)

종류	무게 실험 경과(일)										
	시료 무게	+1	+2	+3	+9	+15	+22	+29	+36	+43	
PF	21.25	39.67	45.69	50.47	66.98	83.13	95.56	104.92	113.63	121.18	+99.93
PIR 2종2호	18.27	21.85	22.51	23.14	26.33	27.43	27.82	28.1	28.46	28.7	+10.43
PIR 준불연	28.99	32.87	33.14	33.81	35.74	36.87	37.4	37.23	37.52	37.79	+8.8
난연 EPS	12.81	16.03	16.04	17.09	21.69	24.78	28.6	30.88	32.81	33.96	+21.15
XPS	17.77	19.16	19.84	20.17	20.9	21.26	21.34	21.39	21.35	21.39	+3.62

흡수율 평균 측정값 (단위: g)

종류	흡수율 실험 경과(일)									
	+1	+2	+3	+9	+15	+22	+29	+36	+43	
PF	3.21	4.71	5.91	10.03	14.07	17.18	19.52	23.09	23.58	+20.37
PIR 2종2호	0.27	0.44	0.59	1.39	1.66	1.76	1.83	1.922	1.98	+1.71
PIR 준불연	0.59	0.66	0.82	1.31	1.59	1.72	1.68	1.75	1.82	+1.23
난연 EPS	0.19	0.19	0.45	1.61	2.38	3.33	3.9	4.38	4.67	+4.48
XPS	0.13	0.3	0.38	0.56	0.65	0.67	0.68	0.67	0.68	+0.55

출처: 김해나, 김봉주 외, 「단열재 흡수율에 관한 연구」, 『2019년·가을학술발표대회 논문집』, 통권 제37호, 58-59쪽.

15년 땅에 매립한 EPS와 XPS R-밸류
유지력과 수분함량 비교.
출처: 「EPS와 XPS 비교」를 복제해 재작성

비드법 단열재는 물에 무조건 불리하다?

실험 결과를 방증하듯 온라인상에는 "기초와 옥상 단열로는 (PF는 물론) 비드법
단열재를 피하라"는 말이 구전처럼 떠돈다. 저렴한 단가, 높은 단열 성능, 절단
및 가공에 유리한 시공성 모두 우수하지만 친수성은 비드법 단열재의 단점 중의
단점이라는 것. 물론 실험 결과가 말하는 바는 그렇다. 하지만 실험은 실험일 뿐이라는
의견도 일각에 있음을 함께 알아두자. 건축 현장에 단열재를 물에 푹 담그고 몇 날
며칠을 유지하는 상황은 거의 찾아보기 어렵다. 그러므로 비상시적 수분 접촉이란
조건과 함께 단열재별 물을 머금는 정도와 물을 방출하는 정도도 함께 고려해야
한다는 의견이다.

이런 의미에서 ACH 폼 테크놀로지스ACH Foam Technologies의 영업 및 마케팅
부사장 프랭크 키세커Frank Kiesecker가 2014년 「콘크리트 컨스트럭션」Concrete
Construction에 발표한 「EPS와 XPS 비교」 Comparing EPS and XPS insulation란
글이 눈길을 끈다. EPS와 XPS 단열재 샘플을 매립하고 15년 후 R-밸류값,
수분함량을 측정했을 때 EPS가 R-밸류값이 더 높고 수분함량도 낮았다. 키세커는
"일반적으로 침수 시간은 2시간에서 24시간 사이다. XPS는 단기적으로는 수분에
잘 견디기 때문에 (물에 담그는 조건을 강제하는) 이 시나리오에서는 EPS보다
우수한 성능처럼 보인다. 그러나 XPS는 EPS보다 수분을 더 천천히 흡수할
뿐이다. 그 때문에 수분을 방출하는 속도도 매우 느리다."라고 꼬집었다. 종합하면
EPS는 물에 '무조건' 불리하다고 오독하기보다는 적절히 통합적으로 상황을
판단하는 시선이 필요하다.

피할 수 없다면 잘 헤어지자

이 자리에서 자세히 다루지 않았지만 대표적 무기질계인 그라스울도 물에 약하다.
유리 섬유 형태라 물을 만나면 마치 솜이 물을 먹듯 젖고 그 단열 성능도 크게
저하된다. (이에 특수 발수 가공을 한 그라스울 제품도 시중에서 찾아볼 수 있다.)
건물에서 단열재와 물은 떼 놓기 어려운 관계다. 그런 이유로 단열과 방수는 한
세트로 같이 논의된다고 할 수 있다. 단열재와 물, 이들이 덜 만나고 잘 헤어지도록
시공하는 법이 최선이다.

1) 퍼펙트 월The Perfect Wall: 말 그대로 비, 공기, 수증기, 열을 제어해 외부와 내부를 완벽히
차단하는 벽을 말한다. 캐나다의 빌딩 사이언스 코퍼레이션Building Science Corporation
창립자 조셉 스티브룩Joseph Lstiburek이 발표한 개념이다.

참고 문헌
· 권영철, 「그린빌딩을 위한 고효율 단열재」, 『한국그린빌딩협의회지』, 제10권 2호,
23-30쪽.
· 김해나·김봉주·서은석·유남규·홍상훈·정의인, 「단열재 흡수율에 관한 연구」,
『2019년 · 가을학술발표대회 논문집』, 통권 제37호, 58-59쪽.
· 빌딩 사이언스 코퍼레이션(buildingscience.com)
· 콘크리트 컨스트럭션(www.concreteconstruction.net)

골조 품질이
단열 성능을 좌우한다?

건물에서 단열과 기밀은 단열재와 창호만의 일일까? 기초가 튼튼해야 집이 무너지지 않듯,
단열재와 창호의 바탕이 되는 골조도 영향을 주지 않을까? 이들의 상관관계를 건축가와 시공자에게 물었다.
과연 이들의 답은 궤를 같이할까?

-

인터뷰 **공수연**
인터뷰이 **김양길** 제이아키브 대표,
장지훈 비온후풍경 대표
사진 **제이아키브**(별도 표기 외)

시공자가 말하는 골조와 단열의 상관관계

감씨(감): 이번 인터뷰에서는 건설사 제이아키브와 콘크리트 골조 및 단열에 대해 얘기해보려 한다. 먼저 콘크리트 건물의 시공 순서를 짚어 달라.

김양길(김): 공정마다 일이 많지만 간단하게 말하자면 토목-골조-창호-방수/단열-외장 순으로 진행된다. 우선 토목 공사는 시공 중 주변 흙과 도로 등이 무너지지 않게 하고 지내력을 확보해 최종적으로 지반이 건물의 전체 무게를 지탱해야 한다. 따라서 건물의 뼈대가 되는 골조와도 관련이 깊다. 골조 공사의 종류로는 철근 배근, 거푸집 제작, 콘크리트 타설 등이 해당된다. 이때 긴결재form tie를 통해 거푸집을 연결 및 고정해 거푸집이 콘크리트의 측압을 견딜 수 있게 한다. 한편 골조 공사 이후에 설치되는 창호는 위치에 따라 단열 성능과 결부되므로 외장 마감에 따른 시공 상세가 중요하다. 골조와 창호 테두리에 행하는 방수는 주로 실란트[1]로 시공된다. 방수 공정이지만 이를 통해 얻게 되는 기밀은 단열에 영향을 주어 공사를 충실히 해야 한다. 단열 공사는 재료 종류, 설치 방법, 위치마다 방식이 다르지만 열교 최소화, 외장 마감 등을 고려해야 한다.

감: 이때 골조 상태가 단열 및 기밀 성능에 영향을 미치기도 하나?

김: 아무래도 골조를 평탄하게 만드는 것이 우선이다. 하지만 단열 공사가 잘 이뤄져 골조가 완벽하게 감싸졌다면 단열 성능은 골조 상태와 크게 상관이 없다. 즉 단열재를 빈틈없이 설치했는지가 관건이다.

그리고 단열재는 접착폼으로 골조에 붙지만, 무엇보다 단열재끼리의 접합이 중요하다. 단열재 100mm 한 장보다 50mm 두 겹으로 시공하는 것이 더 좋다. 단 이음매가 서로 만나지 않게 엇갈려야 열교가 감소해 효과를 본다. 생각해보면 이중창도 기밀하지 않다. 두 번의 골 사이로 바람이 통한다. 그런데 단열이 잘 된다고 하는 이유는 유리와 창호 사이의 빈 공간, 즉 공기층이 있어서 그렇다. 단열재 두 겹도 이와 같은 원리다.

감: 골조 품질을 높이는 데 까다로운 요인은 무엇이 있는지 알려 달라.

김: 건축에서 사용률이 높은 강재틀 합판 거푸집, 일명 '유로폼euro form[2]'은 여러 규격에 맞춰 생산되며 이를 조합해 구조 틀을 짠다. 이 치수를 잘못 계획해 벌어지는 과오는 현장 관리자의 몫이다. 반면 고층 건물이나 아파트에서는 이러한 문제가 거의 발생하지 않는다. 건물 형태가 단순한 점도 있지만 거푸집으로 갱폼gang form[3]을 사용하기에 오차가 경미하다.

만일 치수가 정확히 이뤄졌는데도 골조가 울퉁불퉁하다면 거푸집 상태가 나쁜 경우도 있다. 거푸집을 여러번 사용해 자체가 휘어졌거나 표면이 매끄럽지 않다거나, 콘크리트 타설 시 다짐이 적절치 못하거나, 거푸집을 체결하는 타이를 잘못 설치해 타이가 벌어졌거나 간격이 안 맞을 수 있다. 전자는 자재에 의한, 후자는 작업자 숙련도에 따른 결과라 할 수 있겠다. 작업자가 미숙하다면 콘크리트를 다질 때도 콘크리트 배합물이 분리되는 등 구조체 강도에 악영향을 줄 수 있다.

콘크리트를 타설할 때 창호 자리에 창호 프레임과 같은 크기의 각재를 임의로 넣고, 추후 각재를 탈락시킨 곳에 단열재와 창호 단열바의 위치를 맞춰 설치한다.

감: 골조 품질이 현장에 있는 건설 노동자에게 좌우되기 쉽지만, 현장을 관리하는 입장에서 건설사는 어떤 노력을 기울일 수 있나?

김: 건설업계에서 흔히 현장 소장이 중요하다고 이야기한다. 이는 곧 집중도와 관심도와 직결된다. 제이아키브의 현장 소장은 구조체의 수직 수평 등 작업 상황을 상시 점검하고 잘못 시공된 부분을 발견하면 재작업 지시도 서슴지 않는다.

구조체 자체 외에도 이를 형성하는 자재 상태도 살펴야 한다. 이미 서너 번 이상 쓴 거푸집을 가져오면 반려한다거나 단열재가 제대로 숙성됐는지 확인하는 식이다. 제이아키브는 현장 소장과 품질 관리자가 서로의 일을 백업하는 구조로 돼 있다. 혹시 빠뜨리거나 놓칠 수 있는 부분을 이중으로 검토하기 위함인데 모든 건설사가 이 방식을 따르는 건 아니다. 법적으로 품질 관리자를 두게 돼 있으나 실제로는 다소 형식적인 부분과 안전 관리에 업무가 국한되거나 소규모 건설에서는 상주 인원을 축소시키는 일도 벌어진다.

감: 혹자는 단가 절감을 위해 골조와 단열재를 동시에 시공하기도 한다. 소위 '일체타설'이라 지칭되는 이 방식은 단열 성능에 어떤 결과를 불러오나?

김: 일체타설은 거푸집 안에 단열재를 부착한 채 콘크리트를 붓는 방법이다. 문제는 단열재와 단열재 사이에 틈이 벌어져 시멘트 페이스트(물과 시멘트)가 흘러나온다는 점이다. 틈을 메웠더라도 메워진 틈이 일정하지 않다는 결점이 있다. 이는 타설한 순간부터 이 공극을 통해 열교가 발생한다는 뜻이다. 또한 시멘트 페이스트가 빠져나온 자리는 구조체 강도 발현이 제대로 안 될 가능성이 높다.

콘크리트는 골재(모래와 자갈), 시멘트, 혼화재, 물의 배합인데 시멘트 페이스트가 손실되면 골재만 남기 때문이다.

또 다른 문제는 단열재와 창호 단열바의 위치에서 나타난다. 알루미늄 프레임은 열전도율이 매우 높아 열전달을 막기 위해 제품 자체에 단열 부분이 존재한다. 이 프레임의 단열 부분은 단열재와 단열선[4]이 끊기지 않는 정확한 위치에 설치돼야 기능을 발휘할 수 있다. 따라서 창문을 정밀하게 시공하려면 콘크리트를 타설할 때 창호 자리에 창호 프레임과 같은 크기의 각재를 임의로 넣고, 추후 각재를 탈락시킨 곳에 단열재와 창호 단열바의 위치를 맞춰 설치한다. 안타깝게도 일체타설에서는 이것이 불가능하다.

감: 이러한 편법이 현장에서 얼마나 행해진다고 체감하나?

김: 한국 건축은 해방 이후 그 구법이 목조에서 콘크리트로 점차 변화했고, 1990년대 이전까지 벽돌이 콘크리트 슬라브를 받치는 구조가 대부분이었다. 그리고 소위 '빌라'로 일컫는 정형화된 소규모 다세대주택이 확산될 무렵 일체타설이 탄생했다. 이 편법이 가능했던 이유는 창호와 연계된다. 그 당시 건물을 보면 알루미늄 창호와 목재 창호(단창)를 같이 설치한 사례가 많다. 둘 다 단열과 기밀 성능이 떨어진다. 건물에 안 그래도 열이 새는 곳이 많았으니 일체타설로 인한 문제점이 크게 불거지지 않았다.

하지만 1990년대 초반에 PVC 창호가 개발됐고 후반에 들어서는 시스템 창호가 국내에 소개됐다. 슬라이딩 방식으로 열리던 창이 밀착 방식으로 바뀐 거다. 건축은 이러한 진화에 맞춰 공법과 단열 기준 등을 변화해 나갔다. 단열성이 개선된 창호를 쓰다 보니 일체타설 시 단열선을 맞추기 어렵고 열교 문제가 발생할 수 있는 단점이 더욱 두드러지며 이를 지양하는 분위기가 형성됐다.

그럼에도 흔히 '집장사'로 불리는 무리에서는 지금까지도 원가 및 공기 절감을 위해 일체타설을 하는 경우가 많다. 그들을 무조건적으로 나쁘다고 치부하기 전에 그들의 주 일감인 공동주택을 이해할 필요가 있다. 다세대·다가구 건축은 층마다 같은 평면이 적층되는 형식으로 어느 정도 일체타설이 가능한 특성을 보인다. 층마다 반복되는 리스크를 미리 체크하고 해결 방안을 마련한 후 그 방식을 계속 적용하면 되기 때문이다. 시멘트 페이스트가 빠진 공극을 메꾸는 등의 노력도 있기는 하다. 그럼에도 골조 다짐 등을 확인할 수 없어 구조체 강도를 보장할 수 없다는 사실은 사라지지 않는다.

감: 편법은 어딘가 미비한 점이 있어 생기기 마련이다. 앞으로 보완해 나가야 할 점이 무엇이라 생각하나?

김: 일본은 정책적으로 소규모 건축 및 시공에 대한 관심도가 높아서 건축사도 작업할 수 있는 건축 규모에 따라 급이 나뉜다고 알고 있다. 한국은 건설업 면허 하나만으로 1억짜리부터 1조까지의 큰 공사에도 참여할 수 있다. 면허 세분화가 안 된 상황인데 법적 규제조차 사회적으로 관심이 부족하다.

한편 일체타설의 목적이 공기 단축과 비용 절감임을 고려했을 때, 비용 경쟁에 대한 기준을 누군가 제시해줄 필요가 있다. 비전문가인 건축주가 적절한 비용을 알 리 만무하니 건축가(감리)가 조언해주는 게 맞지만, 현실에서 시공 방법부터 비용까지 꿰뚫고 있는 건축가가 드물다. 결국 건설사 양심에 맡길 수밖에 없는데, 대다수 회사가 돈의 논리로 굴러간다는 모순이 있다.

1) 실란트: 창틀 등의 접합부 및 빈틈에 사용하는 고무상의 물질 또는 연질 혹은 고점도의 액상 고무 조성물. 대표적으로 실리콘이 실란트의 한 종류에 해당한다.
2) 유로폼: 나무와 철재로 만들어진 거푸집. 생산 회사에서 이름을 따와 고유명사처럼 불리게 됐다는 가설이 있다.
3) 갱폼: 외부 벽체 거푸집과 작업 발판이 일체화된 대형 거푸집. 기준층 설치 후 다른 층에 반복 사용할 수 있어 평면이 반복되는 고층 건물에 사용된다.
4) 단열선: 창 프레임 단면을 보면 단열바를 포함하여 단열 기능을 갖춘 부속들이 동일한 구간에 배치된 것을 알 수 있다. 이 구간을 단열선이라고 부른다.

김양길
제이아키브 대표다. 다년간의 건축, 인테리어 설계 및 시공 경력을 바탕으로 국내외에서 다양한 프로젝트를 수행했다. 건축 재료의 특성과 디테일에 대한 고민을 현실로 반영하며 건축가들과의 긴밀한 소통을 통해 의미 있고 완성도 높은 건축 작품들을 만들고 있다. 협업의 결과물 다수가 각종 건축상을 수상했다.

건축가가 말하는 골조와 단열의 상관관계

감씨(감): 비온후풍경은 설계와 시공을 일괄 수행한다. 두 분야에서의 경험을 반추했을 때, 콘크리트 골조 평활도가 단열 성능과 상관관계에 있다는 말에 공감하는 편인가?

장지훈(장): 건축물의 단열 품질은 열교 없는 단열층의 연속성, 그리고 성능 지속성이라는 관점에서 평가해볼 수 있다. 단열재 부착만으로 건축물의 단열 성능이 구현될 수 없기 때문이다. 현장에서 많이 쓰이는 비드법 보온판은 콘크리트 벽체 평활도 오차에 따라 적정 단열 성능을 갖춘 시공이 불가할 때도 있다. 콘크리트 벽체 오차가 30mm 이상이라면(물론 현장에서 어떤 방법으로든 단열재를 설치할 수 있지만), 단열재와 콘크리트 구체 사이 굴뚝 효과 등으로 단열 성능이 저하될 수도 있으며 태풍이나 화재 발생 시 단열층 내구성과 안전성을 확보하기 어려운 문제가 발생하기도 한다.

비드법 보온판 위 외장 타일의 경우 종종 마감이 평평하지 않은데, 이는 타일 공사 문제라기보다 단열재 평활도 문제이며 단열재 평활도보다 구체 평활도의 문제일 확률이 높다. 구체 평활도와 단열 성능의 관계성은 공감의 사안이 아니라 객관적 사실에 기반한다.

감: 목구조와 경량철골조 상황에서는 어떤가?

장: 철근콘크리트조와 비교하면 목구조와 경량철골조는 상대적으로 치수 안정성이 높아 구체 평활도 문제로 인한 단열성 저하는 거의 발생하지 않는다.

감: 기밀 측면에서도 골조의 중요성이 강조되나?

장: 무관하지 않다. 철근콘크리트조의 경우 콘크리트 자체가 기밀층이 될 수 있다. 따라서 구조체 품질이 일정 부분 기밀 성능과 무관하지 않다. 목구조는 구조 시공 시 연속적 기밀층 확보를 위해 선행돼야 하는 작업이 있을 정도로 기밀성과 긴밀한 관계를 갖는다.

감: 그렇다면 구조, 단열, 기밀을 위해 건축가는 무엇을 유의해야 하나?

장: 세 요소는 건축물의 개별 요소라기보다 하나의 메커니즘인 만큼 따로 분리돼 여겨질 수 없다. 특히 국내에서 건축물의 온습도는 역학적 관점의 구조 문제보다 건축가에게 중요하게 다뤄지지 않고 있다. 하지만 건축물에서 발생하는 하자 대부분은 온습도가 원인이며, 건축물의 건강함과 쾌적성 역시 온습도와 관계된다.

건축 행위 전 과정에서 건축가의 역할은 중요하다. 다만 대부분의 건축가가 설계 행위를 도면 생산에 한정하는 경향이 다분하고, 감리라는 과정이 있어도 기계적 검측으로 그치는 게 흔해서 사실상 현장 개입·기여 부분에는 부족한 부분이 많다고 여겨진다.

©비온후풍경

창조재(장기동 단독주택) 시공 모습. 단열재를 접착제로 1차 부착하고, 단열재와 콘크리트 구체 사이 굴뚝 효과를 방지하고자 접착폼 작업을 병행했다.

창조재(장기동 단독주택)

장지훈
비온후풍경을 이끌며 설계-시공을 일괄 진행하고 있다. 단독주택 등 소규모 건축물을 작업한 지 15년 정도 됐다.

노출콘크리트와 단독주택,
그 사이의 어색한 기류

국내 포털에 '노출콘크리트'를 검색했더니 '단독주택'이 연관 검색어로 빼꼼 고개를 내민다.
이 땅에 짝꿍이 된 게 분명하다. 그런데 게시글마다 어쩐지 이들이 잘 어울리지 않는다고 말하는
어색한 기류 또한 감지된다. 단열 때문이란다. 외단열이 불가하다는 노출콘크리트 구조의 특징이
사계절 온도 차가 큰 기후에다가 바닥 난방을 하는 우리네 주거 환경에 취약하다는 게 골자다.
그럼 단독주택에는 목구조와 경량철골구조만 정답일까?
노출콘크리트 단독주택은 실상 우리에게는 맞지 않는 옷일까?

-
글 윤솔희

노출콘크리트 인기는 날로 높아지는데

'현대적이다', '모던한 감성이 돋보인다', '갤러리 같다' 등의 수식어를 단
노출콘크리트 구조의 인기는 1960년대를 시작으로[1] 서서히 퍼지다가 2010년대
단독주택 붐[2]에 올라 국내를 휩쓸었다. 목구조의 목재, 조적조의 벽돌, 커튼월의
유리는 이미 익숙해진 마당에 노출콘크리트 구조는 새로운 미감이자 이국적인
특별함이었으니 말이다. 1970년대부터 노출콘크리트 건축을 선보여온 일본
건축가 안도 다다오의 작업도 우리의 안목을 자극한 계기였다. 안도 다다오는
"노출콘크리트는 제한된 예산과 대지에서 최대한 커다란 공간을 확보하고
싶다는 요구에 부응할 수 있는 가장 간단하고 비용도 저렴한 해결책이었기
때문이다."라며 "내가 만들고 싶은 공간을 더 원초적인 형태로 표현할 수 있다는
의미에서 매력적이었다."라고 그 장점을 설명했다.[3] 이렇듯 유일무이한 공간감,
색다른 미감을 찾고 싶던 우리는 교량이나 사옥, 대학교나 공공기관 같이 대규모
건축물에서 볼 법한 노출콘크리트를 결국 자신의 안방까지 끌어당겼다.

물론 시간이 흐르며 발전한 21세기 콘크리트 기술력도 뒷심이 되어주었다. 휨, 인장, 압축강도 등이 우수하고, 열악한 환경에서도 높은 내구성을 자랑하는 콘크리트를 시장에서 쉽게 구할 수 있게 된 것이다. "과거에 철근이라는 구조 부재를 안아 복합구조의 역할을 했던 콘크리트는 강섬유, 스티로폼 등의 재료를 넣어 복합재료로 진화했고 지금 어느 연구실에서 또 다른 신기능의 유전자를 콘크리트에 이식하고 있는지도 모른다."라는 전문가의 말은 콘크리트의 미래를 더 흥미진진하게 만든다.4) 한 예로, 이제 노출콘크리트가 '친환경'이란 수식어까지 등에 업지 않았나. 핵심 재료인 골재에 슬래그, 화력발전소 폐기물, 재활용 콘크리트, 폐유리 등을 활용해도 품질이나 성능을 유지할 수 있다는 게 큰 장점이라고 한다.5) 앞으로도 노출콘크리트 인기가 쉽게 식지 않을 이유다.

위쪽부터 안도 다다오의 사야마이케 박물관Sayamaike Museum, 힐 오브 더 붓다Hill of the Buddha

노출콘크리트 단열 시공 방식의 종류

이렇게 건축물마다 노출콘크리트 평판에 훈풍을 보내는 가운데 홀연히 찬바람을
내뿜는 유형이 있다. 바로 단독주택이다. 업무시설이나 근린생활시설은 바닥
난방을 하지 않고 야간 상주 인구도 없다시피 하니 그 한계를 이해하고 넘길
수 있는데 단독주택은 바닥 난방을 하는 데다가 실내 습도가 유달리 높다. 그
말인즉슨 안팎의 온도 차가 크므로 결로수가 많이 맺힐 수밖에 없다는 말이다. 물론
단열과 방수 공사를 더 꼼꼼하게 하면 되지 않느냐고 생각할 수 있는데, 아쉽게도
노출콘크리트는 단열 시공법에 선택지가 좁다. 노출콘크리트 구조의 외장은
당연히 노출콘크리트 그 자체여야 하므로 외단열이 불가능한 까닭이다. 그러므로
내단열과 중단열 사이에서 두리번거릴 수밖에 없다.

내단열과 중단열의 한계를 품은 노출콘크리트

이번 책의 첫 페이지부터 꼼꼼히 읽어온 독자라면 익숙한 내용일 테니 이
자리에서는 간단히 소개하겠다. 내단열은 건물 안쪽에 단열재를 붙이는 방식이다.
비교적 시공 방식이 단순하고 공사비가 저렴하다는 점이 특징으로 꼽힌다. 그러나
바닥과 벽, 지붕이 만나는 교차부에 필히 단열 공백이 생길 수밖에 없고, 구조체와
단열재 접합 부위의 온도 차가 클 수밖에 없어 열교 현상을 피하지 못한다. 중단열은
구조 타설 시 단열재를 미리 끼워 넣어 일체 시공하는 방식이다. 단열 효과가
내단열에 비해 우수하고 공기도 단축할 수 있다는 장점이 있지만, 시공 과정에서
단열재 훼손 문제와 창호 및 출입구 등 개구부, 그리고 서로 다른 재료가 만나는
구간의 기밀 시공 난도가 높다는 점이 단점이다. 시공이 까다롭다는 건 공사비가
높다는 말인데, 그마저 완성도가 떨어진다면 이상적인 단열 효과를 구현할 수
없다고 한다. 다시 말해 내단열과 중단열 중에 짝을 선택해야 하는 노출콘크리트
구조 입장에서는 참으로 난감할 수밖에 없는 것이다.

　사계절 뚜렷한 우리나라의 기후상 단열의 중요성은 강조하지 않아도 모두들
느낄 것이다. 이에 최정만 한국패시브건축협회 회장은 "우리나라 중부 지방[6]에
노출콘크리트 주택이 잘 맞지 않는다."고 이의를 제기한다. 안도 다다오의
노출콘크리트 주택 분포도를 그리면 거의 대부분 오사카 근방에 위치해 있다고
말하면서 말이다.[7]

　한편, 단독주택 구조 중에서 꾸준히 인기를 유지하고 있는 목구조와
경량철골구조의 사정은 어떨까. 이들은 디자인에 따라, 시공비에 따라 외단열,
내단열, 중단열을 고를 수 있다. 즉, 노출콘크리트 구조와의 가장 큰 차이는
외단열을 할 수 있느냐, 없느냐로 갈리는데, 그로 인해 발생하는 단열 성능의 차이가
큰 것이다. 외단열은 쉽게 말해 두툼한 보온 망토를 겉에 두른 꼴이니 내단열과
중단열에 비해 보온 효과가 더 우수하다.

미래 중단열, 내단열 공법에 거는 기대

그렇다고 모두가 이 상황에 안주하지 않을 터. 단열 성능을 높이는 중단열 시스템, 내단열 시스템 개발이 뜨겁게 진행 중이다. 특히나 제로 에너지 건축물 구현이라는 시대의 과제를 안은 이상[8] 유지 관리비 절감과 건축물의 경제성 제고를 위해서는 연계 분야의 기술 개발이 필수적이다.

대표적 접근법 중 하나가 내부 공극율을 높여 콘크리트의 단열 성능을 향상하는 방안이다. 예컨대 공극을 만드는 데에는 콘크리트 자체에 공극을 형성하는 방법, 다공질 재료를 혼입하는 방법, 그리고 배합비를 조정하는 방법이 있다. 국토교통부의 5개년 과제 「단열성능향상 콘크리트 생산 기술개발」 연구를 수행한 한라엔컴은 이러한 방식으로 열전도율을 일반 콘크리트 대비 2배 이상 향상한 구조용 단열 콘크리트를 개발 소식을 알리며 실내 온도를 1.5도 개선하는 효과를 낼 수 있다고 발표하기도 했다. 박영신 한라엔컴 기술연구소 소장은 "실증 주택에 적용해 외기 온도 변화에 따른 실내온도 변화, 벽체 단열성능 평가, 변형률계 설치를 통한 콘크리트 길이 변화율 계측을 장기간 할 예정이며 모니터링 결과에 따라 현장 적용을 적극적으로 추진할 계획이다."라고 말했다.

또 다른 사례로는 중단열 외벽시스템 개발 소식이 있다. 한국건설기술연구원은 내·외단열 시공법의 장점을 조합하고 벽체 간 연결재를 유리섬유강화플라스틱(GFRP) 등으로 활용하는 기술을 연구하고 있다. 「단열성능이 향상된 중단열 외벽시스템 개발」 보고서에 따르면 "GFRP 폼타이가 적용된 중단열 외벽시스템은 결로성능 실험 및 전열해석을 통해 에너지 손실이 최소화되는 것을 확인했다. 중단열 외벽시스템의 GFRP 폼타이가 적용된 부분에서 결로 현상이 발생할 확률은 0에 가까운 것으로 나타났다. 또한, 기준의 강재형 폼타이에 비해 열 성능(열관류율)이 110% 감소하는 것으로 나타났다."[9]

단열성능 향상 콘크리트 제조방법

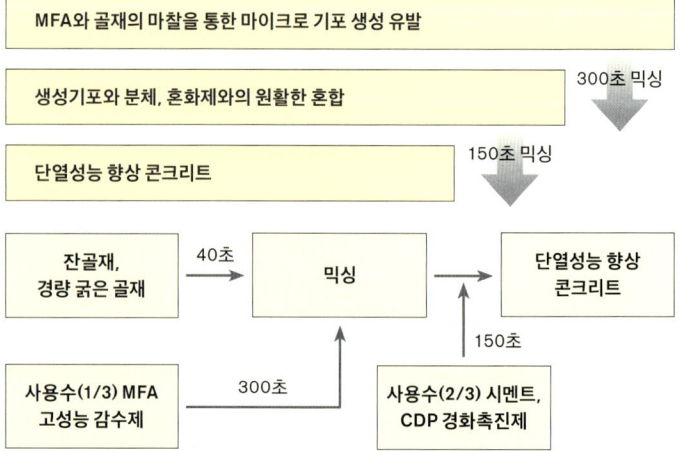

MFA: 마이크로기포제
(Micro Form Admixture, MFA)
CDP: 규조토 미분말
(Calcined Diatomite Power, CDP)

출처: 박영신, 「단열성능 향상 콘크리트의 생산 기술개발」, 「기술과 경영」, 2015년 5월호, 60쪽.

중단열벽체용 합성폼타이 및 이를 이용한 중단열벽체 시공 방법

(등록번호 10-1441399)

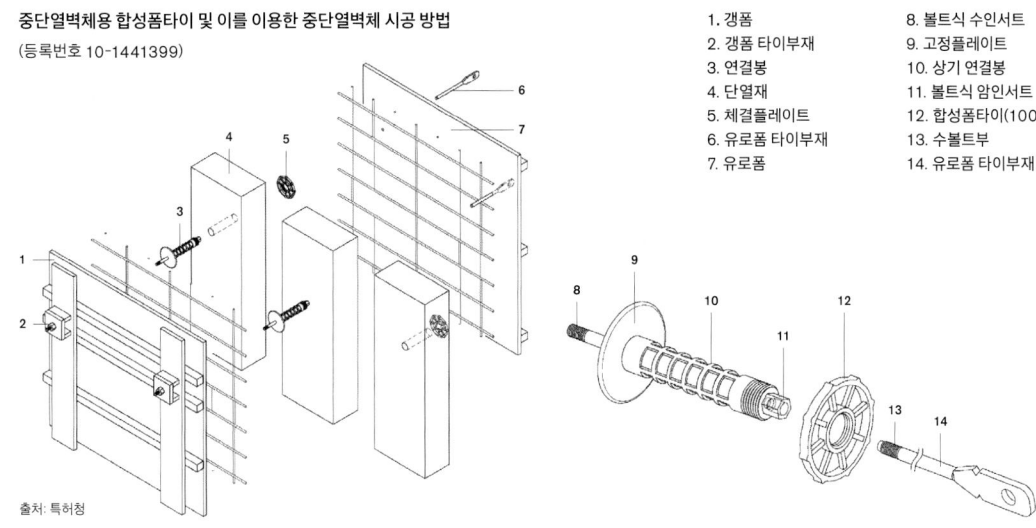

1. 갱폼
2. 갱폼 타이부재
3. 연결봉
4. 단열재
5. 체결플레이트
6. 유로폼 타이부재
7. 유로폼

8. 볼트식 수인서트
9. 고정플레이트
10. 상기 연결봉
11. 볼트식 암인서트
12. 합성폼타이(100)
13. 수볼트부
14. 유로폼 타이부재

출처: 특허청

끓는 지구, 열기는 단열 시장 쪽에도

기상청의 발표에 따르면 2023년 1월 일 최고평균기온과 최저평균기온 격차가
19.8도가 벌어졌다. 1973년 이후 1월 기준 가장 큰 기온 변동 폭이었다.[10] 폭염과
폭우는 또 어떤가. 2023년 여름 중부권 폭우는 역대 강수량 3위를 기록하는
손꼽히는 장마였다. 이상 기후를 넘어 기후 재난 시대가 열렸다고 말한다. 건물
에너지 소비 감축, 즉 단열에 관심이 모이는 이유다.

덕분에 노출콘크리트와 단독주택 사이에 흐르는 어색한 기류를 해소할
방법도 언뜻 보이는 것 같다. 산업계와 학계에서는 관련 신기술 개발과 연구를,
건설 시장에서는 에너지 효율을 높이는 디테일 설계와 구조 특징에 적합한 단열
시공법을 뜨겁게 찾아 다니고 있다.

1) "1960년대 김수근 건축을 특징짓는 것이 바로 노출콘크리트를 이용한 조형성의 강조이다. 그는 일반
주택을 제외한 대부분의 건물에 이 재료를 사용했던 것이다. 그리고 이것은 1960년대 많은 서구의
많은 건축가들에게 일반적으로 나타나는 경향이기도 했다. 한국의 경우 김중업의 작품과 이희태,
엄덕문, 김희춘 등의 작품에서 노출콘크리트가 주요 외장재로 사용되고 있다." 정인하, 「한국의 건축가 -
김수근 (3)」, 『건축사』 1995년 11월, 77쪽.
2) 베이비붐 세대(1955~1963년생)의 은퇴기가 시작되며 도시를 벗어나 세컨드 하우스, 단독주택에 대한
요구가 부쩍 늘었다. 이노성, 「베이비부머는 아담한 전원주택을 꿈꾼다」, 『국제신문』, 2011년 2월 20일
자, 본지 17쪽.
3) 안도 다다오, 『나 건축가 안도 다다오』(안그라픽스, 2009).
4) 안재철, 「콘크리트의 미래」, 『건축재료 처방전 감03 콘크리트』(에잇애플(주), 2017).
5) 김규남, 「친환경 콘크리트」, 『글로벌 리포트』, 국토교통과학기술진흥원.
6) 기상청에 따르면 국내 중부 지방은 다음과 같다. 속초, 철원, 대관령, 춘천, 강릉, 서울, 인천, 원주, 수원,
충주, 서산, 청주, 대전, 추풍령, 강화, 양평, 이천, 인제, 홍천, 태백, 제천, 보은, 천안, 보령, 부여, 금산.
7) 최정만, 「노출콘크리트, 과연 주택에 적합할까?」, 『전원속의 내집』, 165호.
오사카는 부산이나 제주도와 비슷한 기후라고 하며, 겨울철에도 영하로 내려가는 일이 거의 없다고 한다.
8) 환경 이슈의 국제적 관심 증대, 2020년 12월 탄소 중립 선언 등으로 정부의 환경 대응 정책이
본격적으로 추진되고 있다. 건축물 및 건설 과정의 에너지 소요량은 전체의 36%, 탄소 배출량은 전체의
37%에 해당한다. 제로에너지건축 정책의 실효성 제고가 필요하다는 목소리가 나오는 이유다. 김영덕,
「제로에너지 건축물 정책 진단과 활성화 과제」(한국건설산업연구원, 2022).
9) 유영찬 외, 「제3장 현장타설형 중단열 벽체용 GFRP 폼타이 개발」, 『단열성능이 향상된 중단열
외벽시스템 개발」(한국건설기술연구원, 2012), 137쪽.
10) 기민도, 「1월 일평균 기온차 19.8도… 기상관측 이래 최고치」, 『한겨레』, 2023년 2월 7일 자.

기초의 외단열은 가능한가?

기초의 단열은 지면과 맞닿아 있는 관계로 땅의 온도, 습기, 결빙 등에 대항해야 한다.
심지어 단열재가 기초 하부에 깔린다면 건물 하중까지 견딜 수 있어야 한다.
이번 장에서는 기초의 단열이 이 난관들을 어떻게 극복할 수 있는지를 살펴본다.

-

글 공수연

기초의 종류

기초는 모양에 따라 독립(단독)기초, 줄(연속)기초,
온통(매트/전면)기초, 복합기초, 말뚝기초로 구분된다. 이
형식을 결정할 때는 토질과 지반 상태, 건축물 중량, 지하층
깊이 등을 고려해야 한다. 주택에서는 줄기초와 온통기초를
택하는 게 일반적이다. 그중에서도 온통기초가 줄기초보다
공사 기간이 짧고 비용이 적어 현장에서 더 선호되고 있다.
앞으로는 온통기초를 중심으로 내용이 전개될 예정임을
미리 일러둔다.

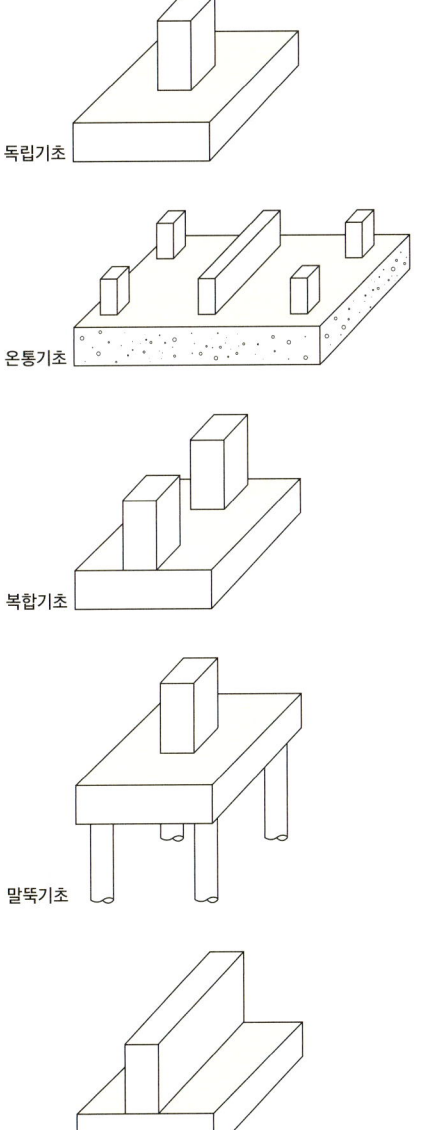

독립기초

온통기초

복합기초

말뚝기초

줄기초

중량형 건축의 기초

콘크리트나 조적 같은 중량형 건축의 경우, 기초의
단열 방식에 대한 대립이 존재한다. 외단열을 옹호하는
입장에서는 우수한 단열 성능을 주 연유로 꼽는다. 외단열
시공은 '터파기-버림 콘크리트-방습층-단열재-기초
콘크리트' 순서로 진행되며 단열재는 습기에 강한 압출법
보온판을 쓴다. 예산과 시간이 넉넉하다면 흙을 파내 평평한
면을 만드는 데 공들일 수 있으나 현실은 거의 그렇지
못하다. 땅이 고르지 못한 상태에서 단열재를 깔고 기초
콘크리트를 타설하면 땅과 단열재 사이에 공극이 생기는
문제가 발생한다.

내단열은 시공이 상대적으로 간단한 반면에 열교
현상으로 인해 성능이 떨어진다. 내단열을 주장하는
입장에서는 긴 기간 단열재가 건물 하중을 버틸 수 있는지와
압출법 보온판의 흡수율 등에 대한 의문을 제기하며
단열재를 기초 하부에 설치할 수 없다고 말한다.

기초 방식, 집중하중 등은 구조기술사가 판단할 수
있는 영역이며 건물마다 달라진다. 이에 단열 또한 기초
하부에 할 수 있는 건물이 있고 아닌 경우가 있다. 단열
기준을 명확히 단정하기 어렵다는 뜻이다. 대신, 건축 규모가
커질수록 건물 하중이 비례해서 내단열 해야 하는 확률이
높아진다고 표현할 수 있겠다. 한편 특수한 구조 계산 없이
관습적 경험을 따르는 소규모 건축[1]의 경우 콘크리트
구조일 때 내부 집중하중은 대체로 150~170kN/m²
안쪽으로 계산된다. 기초 단열에 쓰이는 압출법 단열재의
압축강도는 140(2호)~250(특호)kN/m²다. 이 점을 고려해
단열재를 선택한다면 소규모 건축물에서 기초 하부를
단열할 수 있다. 단, 건물의 무게가 고르게 분산되도록
기초와 단열재는 필수적으로 수평을 이뤄야한다.

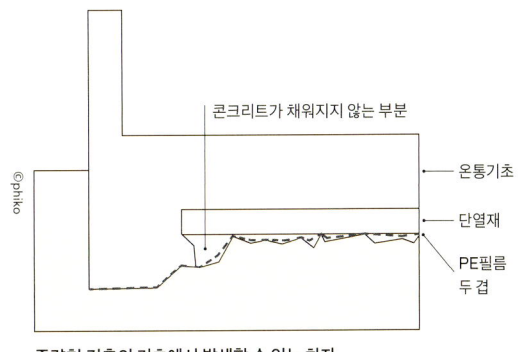

콘크리트가 채워지지 않는 부분

온통기초

단열재

PE필름
두 겹

중량형 건축의 기초에서 발생할 수 있는 하자

114

경량형 건축의 기초

경량형 건축에는 목구조와 경량철골조가 속한다. 이 유형의 기초는 중량형과 달리 열교 측면에서 온통기초 상부에 단열하는 게 유리하며 이에 대한 이견이 거의 없다. 목구조 건물에서는 콘크리트 기초와 목구조가 맞붙는 곳에 구조목을 둔다. 재료가 달라지는 이 부위에서 열교가 발생하기 때문에 구조목 높이보다 바닥 단열을 두껍게 해야 열교가 줄어든다. 물론 공사비가 허락한다면 기초 하부도 단열하면 좋다.

또 다른 취약점은 외벽과 기초 측면이 만나는 부위다. 국내에서 기초 측면에 단열 조치를 하지 않는 경우도 종종 있는데, 외벽 단열재와 기초 측면의 단열재를 이어야 열교와 결로 위험을 줄일 수 있다. 목구조와 구조 방식이 비슷한 경량철골조의 기초 역시 마찬가지다. 동결을 방지하기 위한 방법으로는 잡석층을 동결심도[2] 이하까지 깊게 하거나, 기초 측면에 수평 단열재를 더하는 방식이 있다.

1) 소규모 건축: KDS 41 90 05 기준 2층 이하, 연면적 200m², 높이 13m 미만, 처마 높이 9m 미만, 기둥과 기둥 사이 거리가 10m 미만인 건축물.
2) 동결심도: 땅이 얼 때에 동결층과 미동결층의 경계가 되는 곳까지의 지반 깊이.
3) 빌딩 사이언스: 실내 환경의 질 향상, 에너지 효율, 거주자의 편안함을 위한 과학 이론 및 기술.

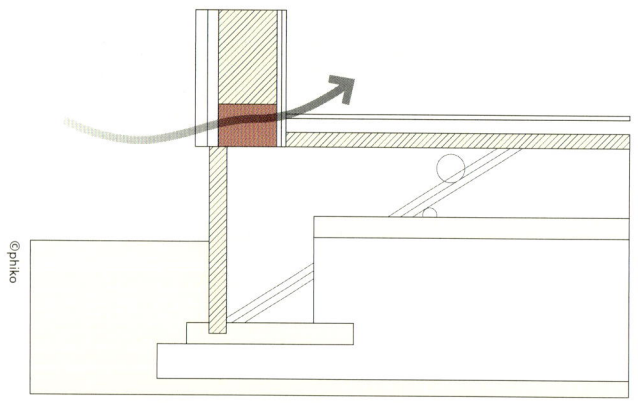

목구조의 기초 내단열 바닥 단열을 구조목 높이보다 두껍게 해야 열교가 발생하지 않는다.

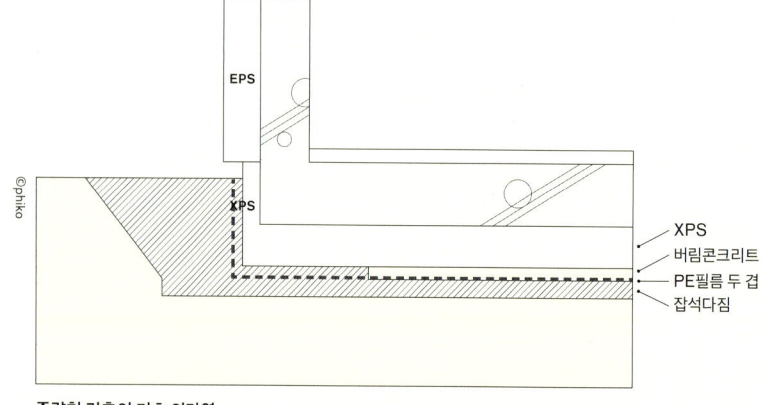

EPS

XPS

XPS
버림콘크리트
PE필름 두 겹
잡석다짐

중량형 건축의 기초 외단열

기초 단열에 대한 BSI건축과학연구소의 의견

인터뷰 **공수연**
인터뷰이 **김정희** BSI건축과학연구소 대표

감씨(감): BSI건축과학연구소는 캐나다의 빌딩 사이언스 코퍼레이션BSC, building science corporation의 자료를 바탕으로 건축 원리를 연구해왔다. BSC는 빌딩 사이언스[3] 관점에서 북미지역에 있는 건축물을 컨설팅하는데 기초 외단열에 대해서는 어떤 입장인가?

김정희(김): 사실 내단열과 외단열의 무조건적인 우위 구분은 의미가 없다. 건축계획, 형태, 용도 등의 조건에 맞는 단열 방법을 택하면 된다. 단열재 위치나 두께보다 중요한 점은 어떤 단열재를 어디에 시공하든 건물 전체의 단열선이 끊기지 않고 부실한 곳이 없도록 하고, 열교 현상이 발생하지 않도록 하는 것이다. 단열재는 위치가 결정되면 그에 따른 적절한 제품을 쓰면 된다.

감: 북미의 단열 이론을 국내에 적용할 때 조정해야 하는 점은 없나?

김: 기초 하부에 단열재를 깔 경우 빌딩 사이언스 전문가들이 제시한 두께가 있다. 우선 바닥난방 여부를 고려해보면 바닥난방을 하는 건물의 기초에 더 두껍고 단열성이 우수한 단열재를 권하고 있다. 바닥난방을 할 때 외부와 온도 차이가 더 커서 열 손실이 늘어나기 때문이다. 한국의 기후 조건은 미국 기후대 존zone 4~6과 비슷하고, 이 기후 조건에서 바닥난방을 한다면 기초 하부에 두께 100~150mm 되는 단열재를 사용하면 된다. 대개 국내 현장에서 이 정도 이상으로 시공하고 있기에 별다른 차이는 없어 보인다. 다만 빌딩 사이언스에서는 기초 하부와 측면의 단열 중 하나만 할 수 있는 상황일 때 기초 측면을 우선하고 있다. 국내에서는 기초 테두리 단열을 빼먹는 일이 종종 있다.

감: 이외에도 기초 단열에 접근하는 태도에 있어 유의할 점을 짚어 달라. 나아가 해외 사례 중 효율적 단열 방식이 있다면?

김: 단열이란 거주자가 쾌적하게 생활할 수 있는 실내 환경을 조성하기 위한 일이다. 에너지 절약은 단열의 부가적 효과일 따름이다. 그런데 에너지 절약에만 치중해서 집을 짓는 경향이 있다. 방향이 잘못 설정된 것이다. 단열은 반드시

ISOQUICK 시공 모습 단열재 자체로 기초를 만들 수 있도록 개발됐다.

실내 공기 질과 함께 고려돼야 한다. 높은 단열과 기밀성을 원한다면 쾌적한 실내 공기 질을 어떻게 확보할지 대책을 세워야 한다. 국내에서 이 부분은 아주 미흡한 편이다.

기초 테두리 단열은 도면에서 그리기는 쉬워도 막상 현장에서 작업하기에 복잡하다. 그러다 보니 어물쩍 넘겨버리는 사례가 발생한다. 공법을 단순화하기 위해서는 시공 기술만이 아니라 제품도 뒷받침돼야 할 것이다. 해외에서는 단열재 자체로 기초를 만들기도 하는데, 여기에 쓰이는 단열재는 테두리 부분에 턱이 있어 안쪽에 콘크리트를 타설할 수 있게끔 개발됐다. 밀도도 국내에서 일반적으로 쓰이는 자재보다 높다. 국내 시장에서도 이처럼 활용될 수 있는 제품이 수입 혹은 개발된다면 제대로 된 기초를 만들어갈 수 있지 않을까?

김정희
국내 최초의 빌딩 사이언스 연구와 주택 검사를 시행하는 BSI건축과학연구소의 소장이다. 미국 홈인스펙터로 과학에 기반한 올바른 건축 지식의 연구와 전파에 노력하고 있다.

설계자를 위한
열교 취약 체크 노트

해를 거듭할수록 평균기온과 강수량은 들쑥날쑥하고 '평균' 내지는 '보통'의 날씨를 잃어가는 이때,
정부 또한 2030년 만기로 제로 에너지 건축물 의무화 로드맵을 선포하며 현장의 변화를 촉구하고 있다.
설계도를 그리는 건축가의 어깨가 무거워질 수밖에 없다.

에너지 절약을 위해 현재에서 하나라도 더 개선해야 하는 것, 강화해야 하는 것을 찾아내야만 한다.

최우석 파시브하우스 센터 대표는 '거창한 냉난방 설비 없이 환기를 통해 들어오는 공기만 살짝 덥히거나 식혀서
겨울에 따뜻하고 여름에 덥지 않은 실내 여건을 만드는 건물'을 뜻하는 파시브하우스[1] 컨설턴트이자 트레이너다.

국립현대미술관의 다원예술 2022 ≪미술관-탄소-프로젝트≫에서 <미술관-파시브하우스 워크숍>을 진행하며
파시브하우스의 기본 원칙과 원리, 에너지 소비를 줄이기 위해 주목하면 좋을 건축 요소를 소개한 바 있다. 우리는
서면 인터뷰를 통해 오늘날 설계자가 알아야 할 열교 취약 부분에 관해 물었다.

파시브하우스란 렌즈를 통해 지금껏 주목하지 않았던 단열 성능 강화의 핵심 단서를 발견하고 싶었다.

-

인터뷰 윤솔희
인터뷰이 **최우석** 파시브하우스 센터 대표

감씨(감): '적지 않은 건축가들이 간과하는 열교 부분이 있다.' 먼저 이 주장에 공감하는지 의견을 듣고 싶다. 이 질문에 대한 답은 파시브하우스 탄생 배경 소개와도 이어질 것 같다.

최우석(최): 사실 건축 분야에서 에너지 효율 문제를 중요하게 생각한 지는 그리 오래되지 않았다. 아마도 1970년대 두 차례의 석유파동이 가장 중요한 분기점이 되어 열 손실이 작은 건축물을 만들자는 아이디어와 노력이 서서히 자랐던 것 같다. 이 무렵 실험적인 에너지 효율적 건축물이 미국과 유럽에서 만들어졌지만 그럼에도 불구하고 20세기가 다 저물 때까지도 이러한 접근은 대부분의 건축 관계자들에게 낯선 것이었다. 볼프강 파이스트Wolfgang Feist 박사를 비롯한 독일과 스웨덴 등 서유럽, 북유럽 등지의 선구자들이 1980년대 내내 에너지 효율적인 건축물에 관한 연구를 해온 끝에 1980년대 말 파시브하우스라는 건축 표준을 내놓았을 때 건축 관계자 대부분은 실현 불가능한 개념이라고 콧방귀를 뀌었다고 한다. 그러던 차에 1990년대 들어 독일을 중심으로 파시브하우스가 서서히 퍼져 나갔고 21세기부터 꽤 많은 건축 관계자에게 단열과 기밀, 고효율 창호, 열회수환기 등의 개념이 중요하게 여겨지게 된 것이다.

그러나 여전히 상당수의 건축 관계자에게 건축물의 에너지 효율 문제는 그리 중요하지도, 그리 친숙하지도 않은 영역으로 남아 있는 것 같다. 그저 과거에 비해 단열에 조금 더 신경을 쓰고, 홑 창은 안 쓴다 정도이지 진지하게 이를 중시하는 건축 전문가들이 부족하다는 게 내 생각이다.

감: 건물이 에너지 효율에 신경 쓰고 있다는 증거는 어디에 있나?

최: '건축물의 에너지 효율 문제를 어느 정도로 중요하게 생각하는가'를 잘 보여주는 부분은 아마도 기밀성과 열교, 조금 더 확대하면 열회수환기 영역일 것이다. 그러나 아직도 삼중 유리에 고단열 창틀을 쓰는 경우가 많지 않은 것을 보면 냉정하게 말해, 국내에서 에너지 효율에 신경을 쓰는 영역은 단열 한 가지에 지나지 않는다고 보는 게 정확할 것이다. 나는 문명의 대전환기를 살아가는 한 사람으로서 모든 사람이 에너지 문제를 더욱더 깊이, 그리고 근본적으로 사색할 필요가 있다고 생각한다. 파시브하우스 확대나 에너지 효율적 건축물의 필요가 그저 난방비 절감이나 탄소중립이란 국가 시책에 대한 부응, 세계적인 추세에 발맞추기를 위한 일이 아니기 때문이다.

감: 그렇다면 본론으로 들어가기 전 개념부터 짚어 달라. 건축물에서 발생하는 열교란 무엇인가?

최: 열교란 실내와 실외 간에 온도 차이가 있을 때 건축물의 외피 가운데에서 주변에 비하여 열 흐름이 다른 부위를 말한다. 보통은 주변에 비하여 열이 더 빨리 흐르는 부위를 말하지만 반대로 주변에 비해 열이 더 느리게 흐르는 부위도 열교라고 할 수 있다. 물론 이렇게 정의하면 열 흐름 속도의 차이가 큰 열교와 그렇지 않은 열교가 있을 수 있겠는데 보통은 열 흐름 속도 차가 일정 수준 이상이 되는 것을 열교라고 정의한다. 일반적으로 열교열손실계수(Ψ-value)라고 하는 값이 0.01 W/mK보다 적으면 열교가 없다고 정의하고, 그보다 클 때부터 열교라고 본다.

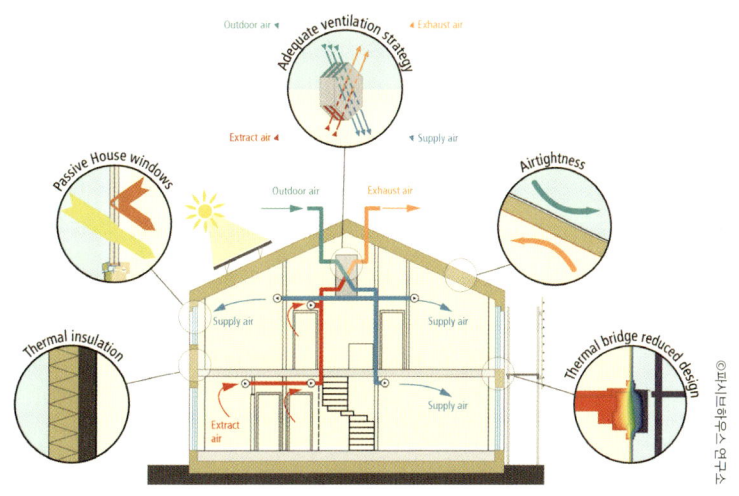

파시브하우스 개념도

감: 열교는 어떤 현상을 낳는가?

최: 실내 온도는 높고 실외 온도는 낮은 겨울철을 상상해 보자. 건축물의 표면에서는 열 흐름이 달라진다. 이로 인해 여러 가지 현상이 발생하는데, 한 예로 공기에 노출된 표면의 온도가 낮으면 그 부위의 상대습도가 높아진다. 상대습도가 80%까지 높아진 상황이 오래 지속되면 곰팡이도 필 수 있고, 이끼가 자랄 수 있다. 상대습도가 100%까지 오른 상태가 지속되면 표면에 물이 맺히고 심하면 줄줄 흐르며, 그 물 양이 많으면 어딘가에 고여 그 주변을 썩게 만들 수 있다. 곰팡이 포자가 실내 공기를 오염시키고 인체에 악영향을 미친다는 건 굳이 설명하지 않겠다. 실외에서는 열교 지점의 표면이 주변보다 더 따뜻하기 때문에 상대습도가 더 낮다. 그럼 주변의 표면에 대해 변색 정도가 덜해져 도리어 밝은 얼룩이 생긴 것처럼 보일 수 있다. 외단열 미장 마감 공법을 많이 하는 유럽 주택에서는 단열재를 고정한 핀 부분만 이끼가 끼지 않아 점박이 벽면이 된 경우를 왕왕 볼 수 있다.

다른 예로 알루미늄 창틀을 쓴 창호 주변의 마감재가 겨울철에 물에 젖어서 변색되거나 나아가 썩는 현상은 아주 흔하게 볼 수 있는 열교의 영향이다. 만약 이런 일이 벽체나 지붕 등 외피 안에서 일어난다면 결로수가 고인 부분에서 얼 수도 있다. 그러면 물이 얼었다 녹았다를 여러 번 반복하면서 단열재나 구조체, 마감재 등을 벌려서 틈을 만들고 그 틈에서 바람직하지 않은 일들을 더 많이 일어나게도 한다. 단열재가 채워지지 않은 큰 공간이 생기면 더 많은 열이 빠져나가고 더 많이 결로가 생기고, 늘 습한 환경으로 인해 구조체나 마감재 등이 썩을 수도 있다. 물론 손상된 틈으로 벌레와 쥐, 새 등이 들어와 살림을 차릴 수도 있는 노릇이다.

알루미늄 창틀 주변으로 곰팡이가 발생하는 건 흔히 볼 수 있는 열교 현상이다.

감: 상상만 해도 등골이 서린 일이 아닐 수 없는데 그렇다면 파시브하우스 설계법을 통해 열교 부분에 대한 힌트를 찾을 수 있을까?

최: 파시브하우스 표준에서는 원칙적으로 열교가 없는 설계와 시공을 권장한다. 만약 파시브하우스 인증을 신청한다면 인증기관에서는 도면과 시공 사진 등을 보고 열교가 우려되는 부분을 모두 지목하여 열교가 생기지 않거나 생긴다면 그 영향이 계산에 모두 반영된 자료를 요청할 것이다. 이런 점에서 파시브하우스는 건축물의 품질을 확실하게 보증 받을 수 있다는 큰 이점이 따른다.

이 때문에 파시브하우스 설계에는 각 부분의 상세 설계도가 매우 중요하다. 가령, 창문 설치 부위나 배관 관통 부위, 외부 부착물 고정 부위 등에 대한 세세한 설계가 있어야 하고, 이를 기반으로 열교 계산을 해야 한다. 아마도 창문 설치 상세가 파시브하우스와 그 밖의 건물 간의 차이를 극명하게 가르는 예일 것 같은데 파시브하우스에서는 창틀을 통한 열교 형성을 방지하기 위해서 건축물의 구조체, 즉 콘크리트 건물이라면 콘크리트층이 아니라 외단열 단열층 위에 창을 올리는 상세를 채택한다. 이 대목에서 많은 한국 건축가들이 난색을 표하고, 이렇게 창호를 설치할 수 있는 시공업체도 국내에 그리 많지 않다고 알고 있다. 국내 건축물 중에 커튼월 건물을 제외하고는 거의 예외 없이 창이 구조체에 올려지는 이유일 것이다. 하지만 해외 건축자재 전시회에서는 단열층에 설치할 수 있는 창문 자재들을 흔히 볼 수 있다.

감: 그렇다면 창문과 구조체 접합부만 달라져도 열교가 줄어들 수 있는가?

최: 그렇지는 않다. 시공 방식이 물론 중요하지만 단열 성능이 낮은 창틀이나 단열 성능이 낮은 간봉 또한 열교의 주요 요인이기 때문이다. 물론 이 밖에도 흔한 열교 부위는 아주 많으나 일부 파시브하우스나 저에너지건축물을 빼면 거의 모든 건축물에서 찾아볼 수 있는 게 창호 열교이므로 함께 이야기하면 좋을 듯하다.

감: 창틀과 간봉에 대해 설명을 더 듣고 싶다.

최: 창틀은 창 전체에서 차지하는 면적이 크다. 창이 작을수록 그 면적은 더 커진다. 그런데 많은 경우 유리 단열 성능에 대한 관심에 비해 창틀의 단열 성능에 대한 관심은 매우 낮다. 하지만 창틀의 단열

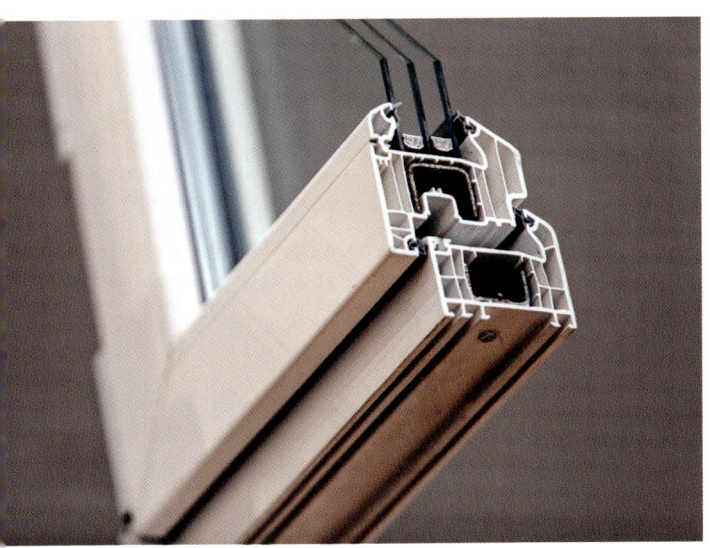

간봉(Spacer)이란 복층 유리에서 유리 간격을 일정하게 유지하는 역할과 동시에 공기층을 품어 열전도를 낮춰주는 역할을 한다. 플라스틱, 알루미늄, 합성 수지로 만든 간봉 등을 쉽게 찾아볼 수 있다.

성능이 취약하면 창틀 표면에 결로가 맺힌다. 맺히는 물의 양에 따라서 결로수로 인한 건축물의 손상까지 피하기 어려울 수도 있다. 따라서 유리 성능 못지않게 창틀의 단열 성능 또한 매우 중요한데 한국에서 제조하는 창틀 대부분이 창틀의 열관류율(Uf) 값에 관한 자료를 제공하지 않을 정도로 제조업체와 설계자, 소비자 모두 창틀을 주목하지 않는다. 간봉 또한 열적으로 매우 취약한 부위다. 요즘 많이들 쓰는 복층 유리의 간봉은 대부분 금속이라 나머지 면에 비해 열흐름이 빠른 대표적 열교 지점이다. 겨울철 간봉 부위를 따라서 결로가 맺히는 모습을 흔히 볼 수 있을 것이다. 창틀에 맺히는 결로수 양에 비해 유리 가장자리 결로수의 양이 적을지 몰라도 이 역시 지속된다면 곰팡이가 피거나 물이 아래로 흘러서 다른 부위를 손상시킬 수 있다.

감: 건물의 규모가 만드는 열교 현상의 정도 차이는 없는가? 건물이 더 크면 열교 현상도 더 커질까?

최: 규모의 차이보다는 외단열과 내단열의 차이가 더 중요하다고 생각한다. 내단열 건축물에서는 층간 바닥과 외피와 연결된 내벽이 모두 열교 부위다. 내단열 건축물에서 열교 없는 건축을 실현하려면 원칙적으로 내부의 모든 표면을 다 단열 공사해야 하지만 그러려면 내벽이 두꺼워지고, 현실적으로 시공을 하기 어려운 부위도 있어 사실상 불가능하다. 그래서 열교로 인한 결로를 막기 위해 외피와 내벽이 만나는 부위의 내벽 일부, 외피와 천장이 만나는 부위의 천장 일부를 단열하는 정도로 타협할 뿐이다.

그렇다면 왜 외단열을 하지 않을까? 건물의 규모가 클수록 외단열 시공의 난도도 높아지므로 비용이 상승한다는 문제가 있다. 콘크리트 구조체를 완성한 다음 단열재를 부착하려면 외피 밖으로 비계를 매고 작업해야 하는데 이는 시공 비용 상승을 부른다. 콘크리트 타설 시 외단열재를 일체화해서 부착하는 방식도 있으나 시공이 까다로워 도입이 쉽지 않다는 어려움이 있다. 아마도 고층건물의 외단열 문제를 해결할 수 있는 방식은 모듈러 건축 혹은 프리패브리케이션 건축이라고도 부르는 조립식 건축 방식이 아닐까 싶다.

또 다른 방식으로는 커튼월 파사드가 있다. 입면 전체를 유리로 마감하는 커튼월 건축은 단열 성능이 아주 좋은 유리와 적절한 차양 장치를 결합하는 경우 꽤 괜찮은 외단열 방식이 될 수 있다. 한동안 한국의 커튼월 공공건축물이 여름철 찜통과 같다고 논란이 되었는데 요즘에는 패시브하우스에 쓸 수 있는 커튼월 자재들이 많아졌다. 해가림 대책만 마련한다면 에너지 효율적 건축 방식이 될 수 있다. 이때 주의할 것은 커튼월 유리판과 유리판 사이의 연결 부위 처리, 그리고 커튼월 구조물을 구조체에 고정하는 고정점 처리다. 여기서 잘못하면 커튼월 구조 전체가 열교가 될 수도 있고, 잘 하면 열교 없는 구조가 될 수도 있다.

감: 건물의 디자인도 열교 현상에 영향을 주는가?

최: 기하학적 열교란 말이 있다. 열을 방출하려는 표면 면적이 열을 흡수하려는 표면 면적보다 적을 때 생기는 현상으로, 대표적 예가 바로 모서리다. 그러므로 외피를 계단형 또는 요철이 많게 디자인한다면 열손실이 늘어나는 외피가 늘어나는 동시에 기하학적 열교도 커진다. 따라서 기하학적인 디자인을 할 경우에는 단열 외피 바깥에 마감 외피를 따로 형성하는 등의 사려 깊은 설계가 필요할 것이라 생각한다.

감: 특히 창문, 출입문, 발코니 등 이질 재료가 만나는 부분의 열교 방지 설계법도 궁금하다.

최: 서로 다른 종류의 건축 자재가 만나거나 하나가 다른 하나를 가로지르는 부위를 구조적 열교라고 칭한다. 기하학적 열교는 설계 디자인을 통해 줄이거나 충실한 외단열 시공으로 예방할 수 있으나 구조적 열교는 열교 차단 자재를 이용해서 없애거나 줄여야 한다. 열교 없는 발코니를 만들 수

기하학적 열교 개념도와
기하학적 열교에 의해
발생한 건물 모서리부
곰팡이 현상

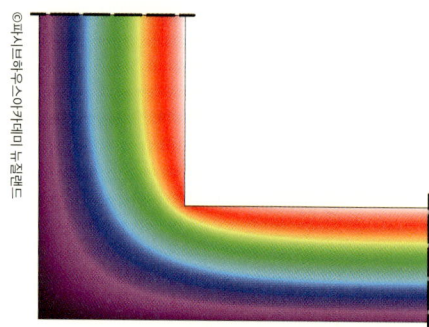

©파시브하우스아카데미 뉴질랜드

있게 한 독일 쉐크Schöck사의 제품을 비롯해 유럽을
중심으로 아주 다양한 열교 차단 자재들이 나와
있고, 최근 국내에도 속속 출시되고 있다.

물론 그렇다고 좋은 자재를 쓴다고 구조적
열교를 모두 없앨 수 있는 건 아니다. 설계가 기여할
부분이 크다. 우선 창과 문을 단열층에 배치하는
설계가 중요하다. 물론 이들을 단열층 위에
놓으면서도 튼튼하게 고정할 수 있는지는 설계자와
전문 시공자가 함께 협의해서 결정해야 한다. 중요한
건 그랬을 때 창틀과 문틀을 통한 열교를 대폭 줄일
수 있고, 창과 문이 외피 쪽으로 더 나아감에 따라서
태양 에너지를 더 많이 받아들이며, 실내 활용
공간이 더 확보되는 등의 이점을 누릴 수 있다는
것이다.

발코니와 같이 열적으로 이슈가 있는 건축
요소에는 적극적으로 열교 차단 자재를 설계
때부터 적용해야 한다. 이 밖에도 파라펫이나
돌출 지붕도 열교 부위인데, 이런 부위는 설계 시
밖에서 보기에는 연결되어 보이나 실질적으로는
단열층으로 분리되게끔 구성할 수 있다. 모든 돌출
부위마다 열교 차단 자재를 적용하는 건 비용 상승
요인이 되므로 설계를 통해 해결할 수 있는 부위는
아이디어와 합리적인 시공으로 열교를 끊는 요령이
필요하다. 경우에 따라서는 건축물의 난방공간과
비난방공간을 열적으로 분리하는 설계를 할 수
있다. 파시브하우스에서는 현관이나 창고 등을

파시브하우스 단열 외피 밖에 별도 구조물로 만들어
덧대는 방식도 흔히 쓴다. 이때에 파시브하우스
바깥의 구조물은 단열이나 열교 문제 등을 특별히
신경 쓰지 않아도 된다.

**감: 2023년 들어 서울시는 건물 에너지 효율화
융자지원을 할 만큼 관심을 보이고 있다. 이렇듯 열교
최소화, 에너지 효율화 기조는 당분간 유지될까? 왜
우리는 지금 이 시기에 건축물의 에너지 효율 향상을
고민해야 한다고 보는가?**
최: 여러 전문가들이 건축물 에너지 효율 향상의
필요성을 역설할 때면 '기후위기', '탄소중립', '2050
탄소중립 시나리오' 등등의 키워드를 불러오지만
현장에서 그 시급성을 느끼기 어렵다. 실상은 '이게
대세이니까', '조만간 이렇게 안 하면 인허가를
받기 어려울 테니까', '어차피 맞는 매 먼저 맞자'는
말을 에둘러 하는 것처럼 들릴 때가 많다. 그래서
씁쓸하다.

나는 우리가 한 시대의 끝에 와 있다고
생각한다. 다른 말로 새로운 시대의 시작점을
마련해야 할 때라고 본다. 언제까지나 계속될 것만
같았던 화석연료 문명은 화석연료 자체의 고갈과
기후위기 및 생태계 붕괴라는 예상치 못한 결과를
빚으며 한계점에 이르렀다. 문명, 즉, 일정 기간
다수 사람들이 공유하는 삶의 양식은 언제나 주된
에너지원과 그 이용 방식에 기반한다는 걸 생각하면
아마도 우리가 개발하여 미약하게나마 가꾼 새로운
삶의 양식들이 기후위기 이후 문명의 토대가 될
것이다. 그런 의미에서 우리 시대의 건축가와 시공
전문가, 건축자재 생산·유통 전문가, 건축설비
전문가, 기타 건축 관련 전문가들, 그리고 무엇보다
건축주들이 노아가 방주를 짓는 마음으로 새 시대의
표본이 되는 건축물을 계획하고 짓고 가꾸어 가면
좋겠다고 말하고 싶다.

오늘 우리가 계획하여 짓고 운영해야 할 에너지
효율적 건축물은 다음 문명의 표본이 될 것이다.
그날 받아들인 햇빛만으로 충분히 쾌적하게 생활할
수 있는 집, 나아가 스스로 쓰는 에너지량이 워낙
미미하여 여분의 에너지를 다른 공간, 다른 일에 쓸
수 있도록 보내주거나 저장할 수 있는 집, 이러한
집들이 서로 연결되어 문명의 살림터에 걸쳐 넓게
펼쳐진 에너지 발전, 소비, 저장, 공유 네트워크를
상상해 본다. 이러한 모습이 기후위기 시대 다음의
문명이 가져야 할 생활상이라고 믿는다.

발코니, 난간 등 구조적
열교 취약 부분을 위한
열교 차단 자재 등이
다양하게 개발되고 있다.

©쎄크

©쎄크

**감: 그러한 미래상을 실현하는 데 단열은 중요한
좌표가 될까?**

최: 새 시대의 표본이 될 건축물의 품질 보증 요소는
기밀 시공 계획과 열교 차단 계획, 그에 따른 시공에
있다고 본다. 그런 의미에서 설계자가 미래지향적인
에너지 효율적 건축물에 진심을 다하는지 알고
싶다면 그의 열교 방지 상세 설계를 살펴보라고
권하고 싶다. 시공자의 진심이 궁금하다면 열교
방지 상세에 대한 구체적인 시공 절차 및 계획을

청해보라고 권하고 싶다. 건축주의 진심이
궁금하다면 열교 방지 상세 설계와 열교 방지 시공에
추가로 비용을 지불할 용의가 있는지 물어보라고
권하고 싶다.

1) 본지의 다른 지면에서는 영어 표기법에 따라
   패시브하우스passive house라고 썼으나, 본 인터뷰의 경우
   인터뷰이가 사용하는 용어를 존중해 독일어 표기법인
   파시브하우스Passivhaus를 썼다.

최우석

최우석은 파시브하우스 센터 대표이다. 파시브하우스 컨설턴트이자 파시브하우스 트레이너로,
독일의 파시브하우스연구소에서 관련 자격을 수여했다.

옥상은
내단열 해야 하나?
외단열 해야 하나?

옥상 구조는 물과의 전쟁이다. 이곳의 단열은 방수와 운명 공동체일 수밖에 없다.
대다수가 확실한 방수 그리고 단열재를 보호하기 위해서 단열재를 구조 안쪽으로 숨긴다.
한국건설기술연구원의 장대희는 "여전히 지붕층에 있어서 최고라고 확신할 만한 외단열 공법이 없다"고 말한다.
이러한 불완전 속에서 옥상을 외단열 해도 될까?

-

인터뷰 공수연
인터뷰이 장대희 한국건설기술연구원 국가녹색건축센터 센터장
자료 제공 부일건화

감씨(감): 단열 부위 중 옥상(지붕)은 이를 둘러싼 지식이 뒤섞여 있고 특히 기술의 발전도 더딘 것 같다. 따라서 이번 인터뷰는 옥상 단열의 변화를 시간순으로 더듬어보며 그 원인을 유추해보고자 한다. 그 전에 옥상 내단열·외단열의 기본 개요를 설명해 달라.

장대희(장): 내단열은 콘크리트 구조체 안쪽에 단열재를 부착해 열관류율을 확보한다. 구조체는 단열재 바깥에 노출돼 여름엔 뜨거워지고 겨울엔 차가워진다. 반면 열을 애초에 구조체 바깥에서 끊는 게 외단열의 원리다. 우리나라는 건축공학·열공학적 측면에서 외단열이 적합함에도 불구하고 여전히 지붕층에 있어서 정답이라고 확신할 만한 공법이 확립되지는 않은 것으로 보인다. 1980년대부터 논의와 시도가 계속됐는데 말이다.

감: 1980~1990년대에 옥상 단열은 어떻게 이뤄졌나?

장: 이 당시 외단열은 구조체 위에 방수를 하고 그 위에 단열재를 얹었다. 이 경우 옥상 이용자가 단열재를 밟고 다니면 재료가 손상돼 별도의 마감이 요구됐는데, 마땅한 마감재가 없어 비닐을 깔고 모르타르(무근 콘크리트)를 타설했다. 문제는 대개 단열재로 비드법 보온판이 쓰였다는 사실이다. 비드법 보온판은 강도가 약해 그 위를 밟고 다니면 꿀렁거리며 무근층의 균열을 야기시킨다. 그러면 그 균열로 물이 스며든다. 물론 방수층이 있어서 물이 건물까지 안 들어올 수도 있는데, 무근 콘크리트 위에 우레탄 도막방수 공사를 하게 되면서 구조체

위 방수를 빼먹는 사례도 생겼다. 우레탄 도막방수도 연성이 없기에 결국 무근층과 함께 균열이 가면 건물에 누수를 유발하고 단열재는 젖어 단열 기능이 저하된다. 외단열은 과거 대한주택공사(현 한국토지주택공사) 시절에도 표준단면으로 제시될 만큼 권장됐지만 완벽하게 시공하기가 쉽지 않았다. 따라서 대다수가 단열성을 손해보더라도 공법이 단순하고 하자 발생이 적은 내단열을 채택하게 됐다.

감: 2000년대에 들어서는 상황이 어떻게 변했나?

장: 사실 지금도 비용과 시공성의 이유로 내단열을 더 많이 한다. 하지만 2000년 이후 탄소 중립, 제로에너지 등이 강조되며 열효율에서 우수한 외단열이 다시 대안으로 떠올랐다. 그러다 보니 이전과 같은 하자를 최소화하는 기술(공법)과 제품이 이제서야 나오는 상황이다. 일례로 압출법 보온판은 비드법 보온판보다 압력과 물에 강해서 대안으로 쓰인다. 일찍이 해외에서는 외단열에 압출법 보온판을 이용했는데, 한국은 가격 때문에 활용이 늦어졌으나 이제 점점 보편화되고 있다.

한편 화재에 대한 이슈로 준불연 단열재가 각광받았다. 2018~2019년에 걸쳐 방수업체 부일건화와 함께 옥상 외단열/외방수 공법 연구개발1)을 한 적이 있다. 이 과업은 외단열 재료로 페놀폼을 다루는데, 페놀폼은 유기질 단열재 중에서도 우수한 내화성과 단열성을 지닌다. 첨언하자면 이 연구는 일단락됐고 추후 상용 가능성을 고려해 페놀폼과 다른 재료 및 방식으로 특허를 받았다.

©Mariana Serdynska

감: 그 특허 기술이 정확히 무엇인가?

장: 유연성 단열 패널을 이용한 토탈 루핑 시스템이다. 우선 토탈 루핑 시스템은 한 팀이 한 현장에서 단열, 방수, 상부 마감까지 책임지고 시공함을 뜻한다. 유연성 단열 패널은 압출법 보온판이지만 유연하게 움직인다. 건축 모형에서 곡선 면을 제작할 때 판재에 칼집을 내듯 단열재를 분절한 것이다. 그리고 단열재 윗면에 보호층(PP 골판지) 및 방수 시트를 부착해 방수를 해결했다. 보통 방수 시트는 고르지 않은 면에 시공하면 단차가 있는 부위에서 찢어지는 경우가 발생한다. 유연성 단열 패널은 바닥 상태가 다소 불량하더라도 분절된 단열재가 구배에 따라 유연하게 부착돼 상부를 평평하게 만들어 방수 시트의 하자를 줄인다. 분절된 단열재 간 틈새로 인해 단열성 저하를 우려할 수 있으나, 전체 공법상 단열재 하부는 비경화형 방수 소재와 접합되고 상부는 보호층 및 방수 시트와 맞닿아 있어 단열재 간 틈새는 일종의 공기층으로 작용할 것으로 전제된다. 나아가 유연성 단열 패널을 활용해 건식으로 옥상 구배를 형성할 수도 있는데, 이미 독일에서는 단열재 자체로 물 구배를 잡는 제품을 전문 생산하고 현장에 적용하는 업체가 활발히 활동하고 있다.

감: 독일의 옥상 외단열 기술 동향도 궁금하다.

장: 독일에서는 옥상 외단열이 활성화돼 있다. 기본 방식은 방수층 위에 압출법 보온판, 부직포 순으로 깔고 자갈로도 마감한다. 한국과 달리 단열재 위에 방수 공사를 또 하지 않는다. 물은 자갈 사이로 빠져 고여 있다가도 햇빛을 받아 뜨거워지면 증발한다. 여름철에 강우가 집중되는 한국과 기후환경이 달라서 가능한 방식이다. 독일은 연간 강우량이 일정한 편이다. 이 공법을 우리나라에 그대로 적용한다면 장마철에 단열재가 부력 때문에 뜰 수 있다.

한편 앞서 말한 단열재로 물 구배를 잡는 방법은 다음과 같다. 먼저 시공된 골조를 3차원으로 스캔한 후 필요한 구배에 맞춰 단열재를 공장에서 컴퓨터 재단CAM한다. 가공한 재료는 구배 위치에 따라 두께가 다를 테니 번호를 매긴다. 현장으로 운송해 각 번호에 맞는 자리에 끼우면 자연스럽게 드레인 쪽으로 경사를 형성하면서 단열층을 완성하고, 현장가공이 최소화된다.

국내에는 이 기술이 도입되지 않아서

1 유연성 단열 패널. 압출법 보온판을 분절해 구배에 따라 유연하게 부착하도록 했다.
2 유연성 단열 패널을 활용한 토탈 루핑 시스템. 단열재 두께를 달리해 물 구배를 형성한다.

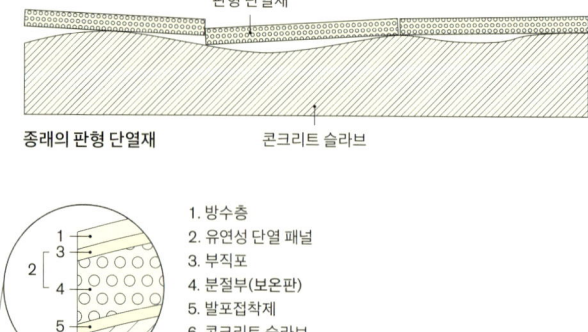

판형 단열재

종래의 판형 단열재　　콘크리트 슬라브

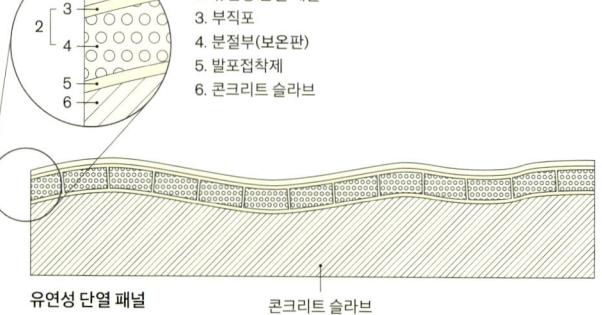

1. 방수층
2. 유연성 단열 패널
3. 부직포
4. 분절부(보온판)
5. 발포접착제
6. 콘크리트 슬라브

유연성 단열 패널　　콘크리트 슬라브

부일건화와 한 현장에서 시행해본 적이 있다. 사업화되지 않은 분야로 설비가 제대로 갖춰지지 않은 상황에서 진행하기가 어렵더라. 부일건화는 수요가 뒷받침되면 설비 투자 의지가 있었으나, 이 공법이 아직까지는 그 정도로 확산되지 않고 있다.

감: 지금까지의 답변을 들었을 때 외단열의 관건은 방수에 달려 있다고 해도 과언이 아니다. 물에 대한 하자를 줄이려면 위와 같은 특수한 방법밖에 없나?

장: 아니다. 건축주와 설계자의 의지만 있다면 어떻게든 조치할 수 있다. 탈기반air vent은 쉽게 구할 수 있고 설치도 간단하다. 탈기반이란 공기 순환을 돕는 파이프다. 현행 외단열 공법(단열재 위 방수)에서 방수층이 깨질 시 단열재가 있는 부분에 물이 고이게 된다. 탈기반은 단열층으로 흘러들어간 습기를 배출시켜 단열층의 습도를 조절함으로서 다양한 하자를 예방할 수 있다.

감: 물 이외에 유의할 점은 무엇인가?

장: 옥상에서 제일 취약한 열교 부위가 파라펫이다. 완벽한 외단열이 되려면 단열재가 외벽에서 파라펫을 타고 올라와서 파라펫 안쪽과 옥상 면까지 감싸야 한다. 문제는 이 공사에 들어가는 품이 만만치 않다는 것이다. 그 결과 파라펫 위와 안쪽은 단열 공사에서 제외되는 상황이 생긴다. 그러면 옥상 면과 파라펫이 만나는 모서리에서 열교가 발생할뿐더러 방수층의 하자도 많이 발생하게 된다. 이에 대한 대안으로 파라펫을 추가 설치하는 게 있다. 외벽과 옥상 면에 외단열을 두르고 단열재 위에 파라펫을 따로 설치한다. 이 파라펫은 단열할 필요가 없으니 아예 단열선을 끊어버리는 거다. 그러나 이 방법은 외관에 영향을 미쳐서 디자인으로 해결해야 하는 부분이 있다.

이외에 옥상을 활용하고자 정자(퍼걸러)나 최근 신재생에너지 확산에 따른 태양광 패널을 설치하는 경우가 많아지고 있다. 외단열 공사에서 이러한 시설물들이 고정되는 부분을 사전에 마련해

뒤야 한다. 단열 공사와 이 구조물 설치 공사의 주체가 다르다 보니 방수층과 단열층을 뚫고 앵커를 고정하는 일이 종종 생긴다. 그래서 옥상 부분에 대해서 하자와 오류를 최소화하기 위해서는 다른 유형의 공사 시에도 소통과 융합이 반드시 필요하다.

감: 불완전함에도 외단열을 꼭 해야 하는지 의문이 든다.

장: 사실 우리나라 건축 R&D 역사를 살펴봐도 내단열과 외단열 중 무엇이 좋은지 정답을 못 내린다. 둘 다 장단점이 명확하다. 그나마 기후 특성상 외단열이 더 낫다고 말하지만 최근 들어 우리나라의 기후도 급변하고 있다.

옥상 단열을 결정할 때는 예산, 대지 조건, 디자인, 용도 및 점유 시간, 활용 여부 등을 따져 최적의 안을 도출해야 한다. 하나의 예로, 사용 시간이 긴 건물이라면 구조체의 축열 성능이 냉난방 효율에 보탬이 될 수 있어 외단열이 낫다. 한편 학교 체육관처럼 잠깐 쓰는 용도일 때는 공간을 빨리 데우거나 식힐 수 있는 내단열이 유리하다. 이러한 여건들을 파악하고 단열법을 선택하는 일은 건축가의 역량에 달려 있다.

1) 「페놀폼보드/폴리우레아 스프레이폼spray foam을 이용한 외단열/외방수 공법」 연구는 중소기업이 보유한 기술을 발전시켜 상용화하는 것을 목표로 한다.

장대희
한국건설기술연구원 연구위원이다. 2021년부터 녹색건축센터 녹색건축인증 운영 센터장을 맡고 있다. 「페놀폼보드/폴리우레아 스프레이폼spray foam을 이용한 외단열/외방수 공법」 등을 포함한 여러 연구에 참여했다.

창호와 단열의 관계

2008년 정부는 창호의 단열 성능 향상에 대한 계획을 발표했고 2012년, 2017년에 걸쳐 단열에 대한 법적 기준이 강화되었다. 이에 따라 건물의 벽은 점점 두꺼워졌지만 소비자들은 얇은 두께의 창호 프레임을 원한다. 오늘날의 창호는 20~80mm 두께의 프레임으로 3500mm 높이의 하중을 견디면서 단열 성능까지 갖춰야만 한다. 우리 생활에 필요한 창을 고를 때 어떤 시각을 가져야 할까? 공간과 단열, 창의 관계에 관한 이야기를 들었다.

-

인터뷰 **허보경**
인터뷰이 **곽진식** 봄툴 개발팀 상무

감씨(감): 단열 성능에 대한 법적 기준이 향상된 후 어떤 변화가 있었는가?

곽진식(곽): 창호 및 건축의 단열 기준이 독일의 패시브하우스 급으로 향상되었다고 할 수 있다. 독일에서도 상위 2~3%만 적용하는 패시브하우스 기준을 우리나라 건축계 전반에 적용한 셈이다. 특히 서울의 단열 환경은 전 세계에서 가장 높을 것 같다. (웃음) 향상된 기준에 맞추어 창호의 단열 성능을 기술, 제조, 재료 면에서 2~3배 높여야 했고, 국내의 모든 창호 업계가 이러한 과도기를 거쳐 현재는 표준매뉴얼만으로도 단열 성능 규제를 맞출 수 있게 되었다. 이건창호, LX하우시스, KCC와 같은 회사는 전 세계 창호 회사 중 10위 안에 들어갈 정도다. 이 회사들은 기술의 능력이나 출시 제품의 종류 등 여러 면에서 세계적 창호 회사로 손꼽히는 수준이다.

감: 단열 성능을 고려한 창호 설계의 특징을 알려 달라.

곽: 창은 일반적으로 금속, PVC, 목재 세 가지 소재로 구분할 수 있는데, 소재의 특성에 따라 단열 성능을 보완하는 방향으로 설계된다. 예를 들어 금속 소재는 단열에 취약하여 유리 두께를 30~50mm에 이르기까지 3중으로 구성하며 창호 프레임에 폴리아미드라는 단열 물질로 만든 단열바thermal break bar를 삽입하여 단열 성능을 보완한다. 국내에서 많이 볼 수 있는 PVC 창은 대부분 유리를 2중으로 복층화하여 10~30mm 급으로 구성한다. 그러나 내구성이 약해 프레임 내부에 강철 소재의 보강재를 추가해야 한다. 목재는 자체적으로 기본 단열 성능을 갖고 있어 실내에 접하는 면에 다른 처리를 하지 않고 목재 고유의 질감을 살리는 것이 특징이다. 그러나 휘어짐 등의 문제가 있어 외부에 접하는 면에 알루미늄 표면을 부착하는 등의 클래딩cladding 1) 처리를 하여 대비한다.

설계 과정은 크게 네 단계로 구분할 수 있다. 첫 번째로 구조 내구성을 설계하고 두 번째에 단열선을 구성한다. 유리와 단열선이 일직선상에 있을 수 있도록 만드는 것이 창호 설계의 본질이다. 세 번째 단계에서는 창호 프레임의 두께를 정한다. 두께가 얇으면 구조적으로 취약할 수 있어 이를 보강하기 위한 구조 해석 설계를 추가한다. 단열 성능을 확보하고 창호 규격이 결정된 후에는 디자인을 정한다. 그러나 요즘은 디자인과 규격을 먼저 정하고 그 안에 기능과 성능을 맞추는 방식으로 순서가 바뀐 경우도 있다. 구조와 단열의 기능을 갖춘 후에 외형을 설계하는 순서가 정석이고 안정성에 문제도 없다.

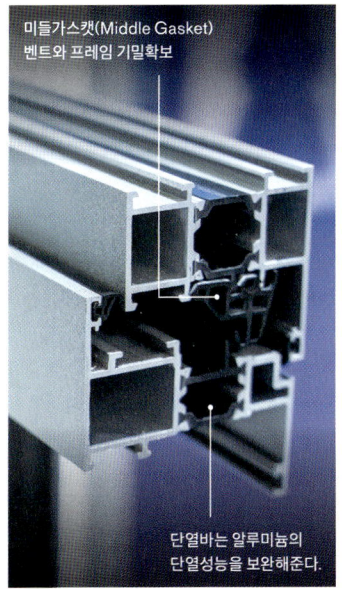

미들가스캣(Middle Gasket)
벤트와 프레임 기밀확보

단열바는 알루미늄의
단열성능을 보완해준다.

왼쪽부터 순서대로 알루미늄, 목재, PVC 창이다. 내부 구조가 비교적 단순한 목재 창과 PVC 창에 비해 알루미늄 창 프레임에는 단열 성능을 보완하기 위한 부속 자재들이 있다.

감: 단열 기준 향상으로 인해 창호 설계에서 까다롭게 작용하게 된 부분이 있는가?

곽: 단열 성능을 따지지 않던 과거에는 단열바가 없었고 유리 안착 방법, 빗물 빠지는 배수 방법, 하드웨어 취부 방법 정도만 고려하여 창호를 개발했었다. 그러나 단열 성능을 고려하게 되면서부터 개스킷gasket을 알루미늄과 연결하는 문제, 100kg의 유리를 3만 번 이상 여닫는다고 할 때 틀어짐이 없도록 하는 문제 등이 생겼다. 이 영역은 건축이 아닌 기계 설계라고 봐야 한다. 아주 작은 공간 내에서 부품끼리 물리고 힘을 받는 관계를 이해하여 정교한 설계를 완성해야 하기 때문이다.

감: 단열, 기밀, 내구성 등을 갖추어 창 자체의 성능을 해결했다면, 창을 어떻게 시공하느냐 하는 문제가 있다. 건축 벽체와 단열재, 창호의 연결지점 말이다.

곽: 창호의 단열선이 벽체에 시공된 단열재 구간과 일직선 또는 그 규격 안에 있어야 단열 기능에 문제가 없다. 위치를 맞추었다면 창을 고정시킬 때 브라켓 등의 부속자재 사용에 따라 냉기가 타는지를 확인해야 한다. 즉 창호의 단열선과 구조체에 시공된 단열재가 서로 끊기지 않을 수 있도록 연결지점을 만들어 주면 건축의 단열 성능을 확보할 수 있게 된다. 창호를 고정시킨 후 벽체와 창호 사이의 빈틈을 채우는 일 또한 중요하다. 열교 현상과 결로 현상 등을 방지하기 위해서라도 공극 메우기는 단열 성능 향상의 핵심이라고 할 수 있다.

오른쪽 페이지의 그림은 창호를 고정할 때 사용되는 부속 자재의 단열 성능에 관한 시뮬레이션 사례를 표현한 것이다. 외부 온도가 -20도이고 실내가 20도라는 동일 조건에서 한 창은 일반적으로 많이 사용되는 금속 소재의 브라켓으로 창호를 고정하고, 다른 창은 단열 성능을 가진 브라켓을 사용해 고정했다. 실험 결과에 의하면 금속 소재의 브라켓을 사용한 경우 실내 표면 온도가 18.8도이고 단열 성능이 있는 브라켓을 사용한 쪽의 실내 표면 온도는 22도로 2도가 상승했다.

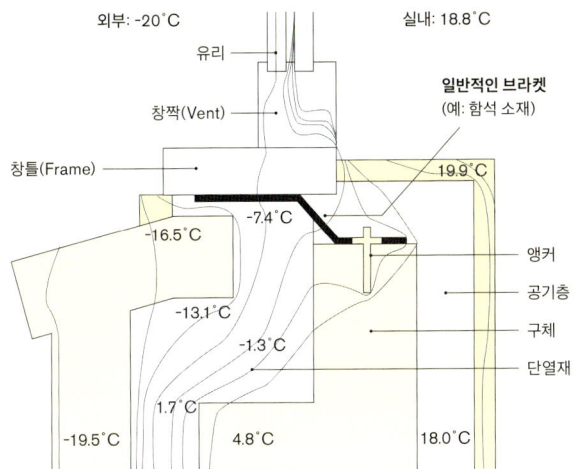

외부: -20°C
유리
창짝(Vent)
창틀(Frame)
실내: 18.8°C
일반적인 브라켓
(예: 함석 소재)
19.9°C
-16.5°C
-7.4°C
앵커
공기층
-13.1°C
구체
-1.3°C
단열재
1.7°C
-19.5°C
4.8°C
18.0°C

창호 고정 단면을 단순화 한 다이어그램
일반적으로 사용되는 브라켓으로 고정한 경우

감: 건축의 단열과 관련하여 창호 업계의 향후를 어떻게 생각하는가?

곽: 국내에서 창호가 단독 산업군이 되기에는 설계, 유통, 업체 간 협력 등 여러 면에서 한계점이 많다. 일례로 가장 크게 만들 수 있는 창의 규격 면에서 우리나라와 유럽의 차이가 크고 이는 결국 산업 전반의 인프라 구성 문제로 볼 수도 있다. 창호 회사와 부속 자재 제조 회사 등 서로가 협력하고 공유하여 시장 전체가 확대될 수 있다면 이에 따라 건축의 품질 또한 상승할 수 있지 않을까 기대한다.

1) 클래딩: 창에 적용되는 클래딩은 목재를 보존하고 내후성을 향상시키기 위해 마감한 비닐 또는 금속 재질의 덮개를 말한다. 비, 눈, 바람, 온도 변화 등과 손상으로부터 창문을 보호하고 단열 성능을 보완하는 역할을 한다.

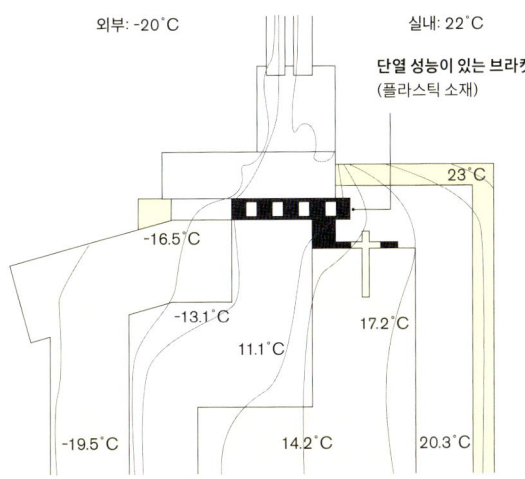

외부: -20°C
실내: 22°C
단열 성능이 있는 브라켓
(플라스틱 소재)
23°C
-16.5°C
-13.1°C
17.2°C
11.1°C
-19.5°C
14.2°C
20.3°C

창호 고정 단면을 단순화 한 다이어그램
단열 성능이 있는 소재의 브라켓으로 고정한 경우

(Tip) 창호 설치 전, 참고해야 할 사항들

- 창호의 에너지율 관련 정책:『GARM 10 창호』, 47쪽 참고
- PVC창의 성능과 특징:『GARM 10 창호』, 60쪽 참고
- 창호 시공 방법:『GARM 10 창호』, 114쪽 참고

곽진식

곽진식은 건축과 도시계획을 전공하고 이건창호 R&D 센터에서 제품 개발을 담당했다. 현재는 봄틀에서 창호 개발을 맡고 있다. '봄틀'은 우리말로 '보는 틀'이라는 의미와 독일어 '숲baum 상자frame'라는 의미를 갖는다. 팀일오삼건축사사무소 윤재선 대표의 주도로 설립된 창호 솔루션 회사이며 기능과 디자인을 충족하는 창호 개발 및 창호 관련 건축 솔루션을 제공하고자 한다. 현재는 단열과 방화성능을 갖춘 창을 연구 중이다.

단열 필름의
진짜 효과는 따로 있다?

단열의 정의를 곱씹어보자.

열은 온도가 높은 곳에서 낮은 곳으로 이동하고 단열은 이 열의 이동을 막는 일이다.

따라서 겨울철 따뜻한 실내 공기가 밖으로 빠져나가지 않게 하며 여름에는 실외 열기가 안으로 들어오지

않게 하는, 이 두 가지 일이 단열이다. '단열'이라는 명칭이 붙은 필름이라면 이 역할들을 두루 해내야 할

것이다. 하지만 단열 필름의 보온 효과에 대해서는 갑론을박이 끊이지 않고 있다.

이를 둘러싼 소문과 억측을 짚어본다.

-

글 공수연

자료 제공 브이쿨 코리아

'단열 필름'이라는 이름이 불러온 오해

한국에서 단열은 제도부터 난방 부하를 저감하는 데에 목적이 있다. 그러다 보니 단열이 동절기와 더 밀접하다고 인식되기 쉽다. 단열 필름도 그렇다. 만일 이 필름이 본명으로 불렸다면 난방에 대한 논쟁은 덜 했을 수도 있다.

한국산업표준(KS)은 이 필름을 '창 유리용 필름'이라는 이름 아래 규정한다. 창 유리용 필름은 그 안에서도 기능에 따라 세 종류로 나뉜다. 첫째, 태양열 차폐 필름의 경우 건축물(사무실, 점포, 주택 등)의 창 유리에 붙여 옥내의 냉방 및 온방 효과를 높인다. 둘째, 유리 비산 방지 필름은 건축물의 창 유리가 비산 낙하하는 걸 경감한다. 마지막으로 이 양쪽을 겸하는 태양열 차폐·유리 비산 방지 필름이 있다. 단열과 관련한 태양열 차폐 필름은 태양열을 차단해 냉방 부하를 저감하고, 열관류율과 방사율로 난방을 돕는다.

여기서 모든 태양열 차폐 필름이 사계절 내내 단열 효과에 좋으리라는 착각에 빠지기 쉽다. KS는 필름의 열관류율을 $5.1W/m^2K$ 미만 제품(C1)과 $5.1W/m^2K$ 이상 $5.9W/m^2K$ 미만 제품(C2)으로 나누고 있다. 필름의 열관류율을 분석할 때 해당 제품을 3mm 두께의 판유리에 부착하는데, 이 판유리의 열관류율이 $6.0W/m^2K$ 정도다. 즉 C2 필름과 필름을 붙이지 않은 판유리의 열관류율은 차이가 미미하다. 이를 고려했을 때 겨울에도 필름을 통해 단열 효과를 얻으려면 최소한 C1에 해당하는 제품을 써야 한다.

문제는 시중에 열관류율이 이 정도로 낮은 필름이 많지 않다는 사실이다. 한국에너지공단에서 시행하는 고효율 인증 제도 중 '냉방용 창유리필름'이라는 제품은 있으나 난방용은 전무하다는 점이 이를 어느 정도 대변한다. 국제창유리필름협회IWFA, International Window Film Association도 필름이 태양열을 차폐해 냉방비를 절감한다고 하지만 겨울철 단열에 대해서는 언급이 없다.

한국건강관리협회 사옥의 필름(아이큐 33A 제품) 시공 모습. 이 제품은 태양열 반사력이 우수해 냉방비가 많이 드는 업무시설이나 상업시설에 적합하다.

창 유리용 필름의 진짜 효과

창 유리용 필름의 효과는 자동차 선팅 효과와 일부 일맥상통한다. IWFA 등에 따른 창 유리용 필름의 장점은 다음과 같다.

1. 자외선 최대 99% 차단
자외선 노출로 인한 암 질환의 발병률을 낮추면서 가구, 커튼, 책 등의 변색과 탈색을 막는다.

2. 태양열 차단
실내가 뜨거워지는 것을 막아 에어컨 사용을 감소시킨다. 여름철 환경 오염 물질의 배출 저감으로 이어질 수 있다. 그러나 겨울철에 태양열이 차단돼 실내 온도가 낮아질 수 있음을 유념해야 한다.

3. 눈부심 방지
눈의 피로도를 감소시킬 뿐 아니라 조망권을 확보한다.

4. 외부 시선 차단을 통한 사생활 보호

5. 유리 파손 시 비산 방지

브이쿨 코리아가 알려주는 필름 선택법

아이큐iQUE는 차량용 필름 산업에서 선두를 점하는 브이쿨V-KOOL의 건축용 창 유리 필름 브랜드다. 2005년에 발족해 현재 30여개 국가에서 사업을 전개해나가고 있다. 14종의 제품을 통해 소비자의 다양한 요구에 대응하고 있는 브이쿨 코리아가 필름을 선택하는 기준을 소개한다.

1. 설치 장소와 목적에 맞는 밝기를 고려한다.

채광이 중요한 곳은 가시광선 투과율이 50% 이상인 제품을, 사생활 보호를 위할 경우 가시광선 투과율이 35% 미만인 제품을 고른다.

2. 적외선(IR) 차단 수치만 확인하지 않는다.

열차단율 수치가 높으면 필름 성능이 우수하다는 뜻이지만, 제조사마다 측정 방법이 다르기에 특정 파장대에서 가장 높게 나온 차단율을 표기해 홍보할 수도 있다. 따라서 IWFA와 유럽창유리필름협회EWFA, European Window Film Association는 태양열 에너지 차단율TSER, total solar energy rejected과 태양열 취득 계수SHGC, solar heat gain coefficient를 함께 살펴보기를 권장한다. SHGC는 태양열이 유리창을 직접 투과한 값뿐만 아니라 유리에 흡수된 후 방사되는 에너지의 총합을 계산한 값이며 낮을수록 좋다.

3. 필름의 태양방사 흡수율[1] 및 태양방사 반사율[2]을 확인한다.

복층 유리에 태양방사 흡수율이 높은 필름을 부착하면 각 유리의 온도 편차를 발생시켜 열 파손 위험이 있다. 또한 유리와 필름에 지속해서 열을 가해 내구성을 더 빨리 악화시킨다.

4. 창 규모와 필름 길이를 비교한다.

이음 시공을 최대한 방지하고 이음 설치 시에도 최대한 시선에서 벗어날 수 있는 필름 크기가 중요하다. 약 1.8m의 장폭 필름을 생산하고 시공할 수 있는 제품이 좋다.

5. 필름이 두껍다고 열차단 성능이 좋은 건 아니다.

두께 자체가 두꺼운 필름 혹은 필름을 여러 겹 시공하기보다 필름의 소재가 중요하다. 필름층이 두꺼워지면 오히려 시야가 불투명해진다. 열을 흡수하는 제품보다는 금속 코팅으로 열을 반사하는 필름이 장기적으로 우수하고, 금속 중에서도 중금속보다 귀금속으로 이뤄질수록 좋다.

아파트 창문에 부착된 필름(아이큐 50W 제품). 주거 공간에 필름 시공 시, 필름을 통한 채광과 선명한 시야도 고려해야 한다.

카페 창문에 부착된 필름(아이큐 73FG 제품)

1) 태양방사 흡수율(실외): 유리와 필름이
   태양열을 얼마나 많이 흡수하는지에
   대한 비율. 낮을수록 좋다.
2) 태양방사 반사율(실외): 태양열이
   유리와 필름을 통해 실외로 반사되는
   비율. 높을수록 좋다.
   태양방사 반사율(실내): 태양열이
   유리와 필름을 통해 실내로 반사되는
   비율. 높을수록 좋다.

(Tip) 창 유리용 필름을 시공하면 좋은 경우

- 냉방비 절감이 필요한 건축물
- 가구 변색이나 눈부심을 유발하는 통창
- 로이 유리가 아닌 일반 창문

(Tip) 겨울철 단열에 도움을 보탤 수 있는 스펙

브이쿨 코리아는 태양방사 흡수율이 낮고, 태양방사 반사율이 높은 필름이
겨울철에도 효과적이라고 한다. 하지만 국내 신축 아파트의 경우 창 열관류율이
2.4W/m²K 이하 수준으로 단열 성능이 뛰어나 겨울철 필름의 효과가 미미할 수
있다고 보고 있다.
한국패시브건축협회도 창 유리용 필름의 단열 성능에 대해 위와 같은 입장이다.
그럼에도 불구하고 겨울철 단열에 도움을 보태려면 아래와 같은 기준의 제품을
추천하고 있다.

- 열관류율 5.1W/m²K 미만
- 태양방사 반사율(실외) 30% 이상
- 태양방사 흡수율 45% 미만

노후건축물에서의 단열 문제, 리모델링으로 가능할까?

노후건축물의 경우 구조나 안전 문제로 기존의 단열을 새롭게 교체하기 어려워, 주로 기존 건물 위에 단열을 더하는 형식으로 진행된다. 현재의 단열 기준에 맞춰 설계된 신축 건물과 달리, 노후 건물은 노후의 정도에 따라, 설계와 시공 당시의 단열 기준에 따라, 사용자에 따라 단열의 상태가 매우 다르므로 리모델링에 있어 명확한 기준과 매뉴얼을 제시하기는 어렵다. 정부는 '그린리모델링' 사업이란 이름으로 사회적으로 취약한 대상인 노유자시설 도는 주거 약자용 주택을 중심으로 '노후건축물'이라 규정하고 지원사업을 하고 있다. 이에 그 과정을 사례로 살펴보고자 한다.

-

글 박세미

노후건축물의 기준

'그린리모델링' 사업은 취약 계층 이용 시설을 대상으로 조례에 따라 사용 승인 후 30년 이상 지난 건축물을 노후건축물로 지정해 진행되는 지원 사업이다. 즉 지역, 규모, 기간 등에 따라 오래된 건축물이 노후건축물이 될 수 있을지 없을지 결정되는 것이다. 국토교통부에 따르면, 건물은 사용 연한이 지날수록 에너지 성능 및 단열 성능이 떨어져, 30년 전(1985~1987) 건물은 최근(2015~2017) 지어진 건물에 비해 난방 에너지사용량이 단독주택은 31%, 아파트는 43%나 많은 것으로 나타났다. 이에 발맞춰 1979년 건축물의 단열 기준이 마련되고 2001년, 2008년, 2012년, 2017년 단열 기준이 상향됐는데, 이전에 사용 승인을 받은 노후건축물에는 현재의 기준이 적용되지 않기 때문에 열 효율이 많이 차이 나는 실정이다.

2022년 기준, 서울시 내 사용 승인 후 20년 이상~30년 미만이 된 건축물은 897,042채, 30년 이상이 된 건축물은 732,831채이다. 한국건설기술연구원에서는 2014년부터 국가 온실가스 감축 대응을 위해 '그린리모델링' 핵심기술 및 지원 정책을 개발하고 있다. 더불어 서울시는 기존 노후건축물을 위해 리모델링 비용을 지원하고, 2023년 2월에는 에너지 효율화 사업의 일환으로 간편 시공 실증사업 등을 이행하고 있다.

그린리모델링이란?

그린리모델링은 건물 부문에서 2030 국가 온실가스 감축 목표 달성과 2050 탄소 중립 이행을 위한 정책 사업으로 정부가 추진하고 있는 뉴딜 대표 과제 중 하나이다. 이에 한국건설기술연구원이 2014년부터 그린리모델링 핵심기술 및 지원 정책을 개발해왔다. 그린리모델링의 핵심기술 개발은 의사결정시스템, 패시브 시스템, 액티브 시스템, 신재생에너지 시스템, 그린리모델링 인증 기준으로 구분된다. 패시브 시스템은 재실 상태에서 그린리모델링이 가능한 시스템이다. 리트로핏 윈도우 및 NoBI 윈도우를 개발하거나 열교차단 기술, 외단열 시스템, 쿨루프 시스템을 적용하는 기술 등이 포함된다. 액티브 시스템은 기존 건축물의 설비 기술을 개선함으로써 전력 소비를 줄이거나 피크 전력 부하를 줄이는 것을 목표로 한다. 디밍 및 인체 감지 조명제어시스템, 바이패스형 열회수 환기시스템, 미스트 분사형 실외기, 피크부하 제어용 전력수요 예측 시스템을 개발하고 적용하는 게 여기에 속한다. 마지막으로 그린리모델링 인증 기준은 기존 건축물의 그린리모델링 가이드를 제안하고, 그린리모델링 기술을 보급 활성화하는 것을 목표로 한다.

그린리모델링의 방법

노후건축물의 전면적인 리모델링의 비용은 신축보다 15~20% 정도 저렴하다. 자가 노후 주택에 거주하는 사람들은 경제적인 이유로 신축 대신 리모델링을 선택하기도 하지만, 세입자의 경우 창호 보수 같은 간단한 손질로 단열 성능을 높일 방법을 선택할 수밖에 없다. 이런 점에서 패시브 시스템은 노후 주택에서 꽤 중요한 요인이 된다. 간단한 덧대기를 통해 리모델링하는 몇 가지의 방식을 소개한다.

1. 창에 덧대는 방법

창호 측면에서 기밀 성능을 높이기 위한 방안은 명확하다. 현재 우리나라의 창호 시공 순서를 보면 골조-마감-창호 시공 등의 순서이기 때문에 창호와 골조 사이 기밀층을 형성할 수 없다. 이를 골조-창호-마감 순으로 시공하게 되면 창호와 골조 사이에 기밀 테이프 및 방수 테이프 시공이 가능하므로 기밀 성능과 빗물로 인한 누수까지 해결할 수 있다. 아래는 창호에 설치할 수 있는 그린리모델링의 방법들이다.

리트로핏_ 리트로핏은 슬림형 그린리모델링용 창호 시스템으로, 덧창의 형태로 시공된다. 설치 후에는 단열 성능, 기밀 성능이 강화된다. 더불어 일사 조절까지 가능해 냉난방 에너지 절감도 누릴 수 있다. 재실 상태에서 시공이 가능하기 때문에 경제적이다.

블라인드 내장형 창호_ 블라인드를 실내가 아닌 외부에 설치하는 방법이다. 미리 일사량을 차단해 냉방 부하를 절감한다. 가장 외측에 블라인드를 설치하는 것이 가장 효과적이지만, 유지보수 관리의 어려움으로 중간 단계인 유리 사이에 블라인드를 내장하는 시스템이 있다.

무차양 이중외피 창호/유리 시스템_ 하절기 일사 부하 저감을 위해 개발됐다. 태양열 획득 계수는 냉방기에는 낮아야 하고, 난방기에는 높아야 한다. 가시광선 투과율(Tvis)는 연중 높은 것이 바람직하지만 내부 혹은 외부의 차양으로 태양광 투과율이 낮아진다. 개발 창호는 기존 유리와 프레임으로 구성된 창호에 상하단 환기구를 설치하여 자연환기가 가능하게 한다. 외측은 단판, 내측은 복층 혹은 삼중 유리 적용이 가능하다.

2. 외피에 덧대는 방법

외단열은 내단열보다 약 60% 이상 단열 개선 효과가 뛰어나다. 외피에 덧대어 시공하는 외단열 시스템은 공기가 유실되는 것을 방지해 단열 효율 저하를 방지한다. 또한 외단열 패널 조립체가 비교적 가벼워 15층 이상의 고층 건물에도 적용할 수 있다. 열교 차단에 용이하고 구조적으로 안정적이며 시공이 용이해 공사 기간을 최소화할 수 있다는 장점이 있다. 마을회관, 노인정, 농촌주택 등에 그린 리모델링 외단열 시스템이 적용되어 있다. 알루미늄 프레임에 목재 프레임이 합쳐진 미서기 창호, 철근콘크리트 구조와 조적 마감 위에 시공한 사례가 있다.

현장 시공 방법은 아래와 같다.[4]

❶ 패널 보호용 필름 사용 및 기초 철물 부착
❷ 기초 고정용 가이드 철물 설치 및 패널 부착 준비
❸ 최하단부 패널 부착 및 패널 간극 조정
❹ 최상부 시공 및 측면부와 결합 시공
❺ 패널과 구조체 사이 모르터 주입
❻ 파라펫 하단 시공
❼ 도장 및 시공완료

기존 프레임 위 P·S단열바 시공

유리
덧시공

기존 유리 위
TRUSEAL
(간봉) 시공

리트로핏 창호 구성¹⁾

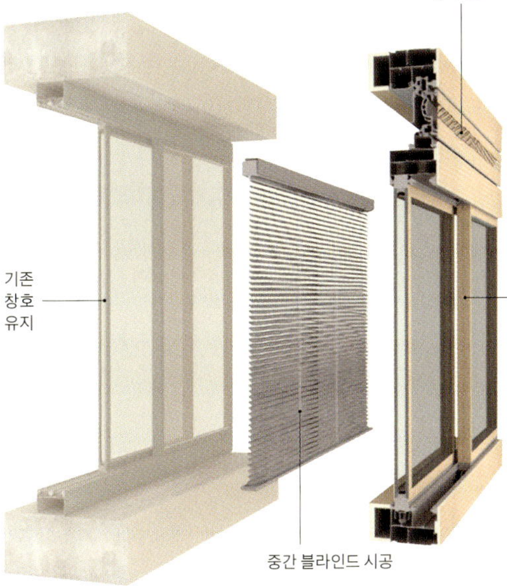

환기 벤트

기존
창호
유지

고기밀 덧창 시공

중간 블라인드 시공

블라인드 내장형 창호 구성²⁾

**무차양 이중외피
창호유리 시스템 구조³⁾**

3. 지붕에 덧대는 방법

지붕 또한 단열에 중요한 역할을 한다. 지붕의 단열을 단단히 할 경우 단층 건물의 에너지 소비를 15% 이상 절감할 수 있다.

이를 위해 개발된 것이 쿨루프 시스템이다. 쿨루프 시스템의 가장 바깥층에 특수 반사 물질이 포함되어 있어 지붕이 받는 열을 반사하는 것이다. 쿨루프 시스템은 미국환경국(EPA)에서 제시하는 도시열섬완화 전략 중 하나로, 미국은 1990년대부터 연구가 진행됐다.[5] 쿨루프 방식은 옥상 녹화와 달리 구조적인 고려가 필요하지 않고, 기존 건축물에 옥상방수, 지붕 타일을 교체함으로써 손쉽게 적용할 수 있다.

국내 쿨루프 관련 성능 기준은 두 가지로 분류된다.

기준	성능기준	비고
건물에너지효율화사업 (BRP)	반사율 0.65 이상	서울특별시 ASTM C1549, E903 E1918시험성적서
에너지이용합리화사업 (ESCO)	반사율 0.65 이상	산업통상자원부 ASTM C1549, E903 E1918 시험성적서

초간단 고효율 간편시공 실증사업

지난 2023년 2월, 서울시와 한국건설기술연구원이 노후건축물에 손쉽게 시공 가능한 '초간단 고효율 간편시공 실시사업'을 시행했다.

단열 덧유리 시공은 기존 창호 위 폴리카보네이트 소재의 유리 단열재를 붙이는 방식으로 진행된다. 일반적으로 단열 성능이 우수한 이중 유리를 사용하고, 유리 두께를 4mm 이상으로 하면 단열 성능을 크게 향상할 수 있다. 또한, 단열 덧유리 시공 시 기밀성이 확보되어야 단열 성능을 극대화할 수 있다. 덧유리 시공 후에는 실내 온도를 2~4도 올릴 수 있다.

기밀 방풍재는 창틀 틈 사이에 설치하는 부속품으로, 겨울철 틈새 바람과 미세먼지, 소음, 벌레를 차단한다. 한국건설기술연구원의 연구에 따르면, 기밀방풍재를 사용한 노후주택의 난방 에너지 소비량은 사용하지 않은 경우보다 10% 이상 감소한 것으로 나타났다. 또한, 온실가스 배출량도 7% 이상 감소한 것으로 나타났다.

이러한 간편한 시도들이 분명 노후 주택에 단열을 관리하는 데에 도움을 주는 것은 맞지만, 사실상 효과적인 단열을 위해서는 열교방지, 기밀 등과 더불어 고성능 창호, 열회수환기장치, 차양장치 등 여러 복합적인 요소가 고려되어야 한다.

그린리모델링을 할 때 고려할 점

2023년 3월 '제 1차 국가 탄소중립 녹색성장 기본계획(2023~2042년)' 정부안이 발표됐다. 건축 부문에서는 에너지 감축을 위한 그린리모델링 확대를 성과 지표로 제안했다. 한국토지주택공사 토지주택연구원에 따르면, 에너지절감 측면에서 본다면 단일 요소기술 중, 창단열(직간접 부위) 개선이 가능 효과가 좋으며, 외단열 설치와 보일러, 발코니 외측창 교체가 유사한 수준을 보였고, 그다음으로는 내단열, 복도 창이 효과가 좋은 것으로 나타났다. 이외에도 공용부의 경우 온수 네트워크 단열 등도 고려해 볼 수 있다. 건축물의 다양한 부위에서 에너지를 절감할 수 있도록 시공성을 고려한 건축적 전문성이 필요한 시점이다.

1) 한국건설기술연구원, 2017.01.23 보도자료 '건설연, 추운겨울 기존 창호 덧창 시공으로 단열성능을 획기적 개선'
2) 한국건설기술연구원, 2017.01.23 보도자료 '건설연, 추운겨울 기존 창호 덧창 시공으로 단열성능을 획기적 개선'
3) AHC시스템창, 고급형 이중외피 시스템창
4) 한국건설기술연구원, 2018년도 주요사업 5차년도 보고서, 국가 온실가스 감축 대응을 위한 그린리모델링 핵심기술 및 지원정책 개발
5) 태양복사의 강도와 덮개에 의해 보유된 비율에 따라 지붕 표면은 일상적으로 섭씨 65도나 그 이상까지 올라갈 수 있다. 지붕온도가 높아지면 내부 공간이 과가열되며, 건물 에너지소비가 증대됨에 보다 크고 값비싼 냉방시설의 필요가 증대된다. 지붕 재료의 수명이 짧아지고, 주변 공기 온도의 상승으로 도시열섬효과를 증대시킨다.
6) 노후주택 그린리모델링 활성화 및 지속가능 전략 수립, 연구기획 2022 - 012호, 한국토지주택공사 토지주택연구원

참고문헌
· 한국건설기술연구원, 『건물외피 시스템의 그린리모델링 최적화 기술개발(5차년도)』
· 김현진·최세진, 「20년 이상 경과된 노후건축물의 단열재 성능평가에 관한 실험적 연구」, 한국건축시공학회지(JKIBC), 19(6), 539~547쪽.
· https://www.ajunews.com/view/20210723085214519
· https://www.hani.co.kr/arti/society/environment/1077630.html
· 한국건설기술연구원, 2018년도 주요사업 5차년도 보고서, 국가 온실가스 감축 대응을 위한 그린리모델링 핵심기술 및 지원정책 개발
· 한국건설기술연구원, 2017.01.23 보도자료 '건설연, 추운겨울 기존 창호 덧창 시공으로 단열성능을 획기적 개선'
· AHC시스템창 제품 카탈로그

그럼에도
내단열을 해야 하는 건물에게

단열은 골조 공사에서 마감 공사에 이르는 과정 중 가장 중요하고 관심받는 주제라고 해도 과언이 아니다.
특히 주택이라면 그것은 관심 이상의 민감한 주제가 된다.
대다수에게 단열재가 어디에 위치해야 단열 성능을 최대로 끌어올릴 수 있는지 묻는다면 당연히 건물
외부에 설치해 구조를 온통 감싸는 외단열이라고 답할 것이다. 그럼에도 부득이하게 외단열을 할 수 없는
건물이 있기에 이에 관한 이야기를 하고자 한다.

-

글 **윤석필** 건축사사무소 이레·EL 대표

내단열을 할 수밖에 없는 사례

분명히 모든 건물을 외단열로 할 수는 없다. 내단열은 대부분 국내 아파트, 건축주 요구나 건축가의 콘셉트에 의해 지어지는 노출콘크리트 건물(본지 98~103쪽 참고)에 대표적으로 적용된다. (아파트는 외단열을 할 수 없어서라기보다는 다른 이유가 존재하지만 여기서는 논외로 한다.)

또 다른 예로는 리모델링을 꼽을 수 있다. 구조체만 남기는 전면 리모델링의 경우 외단열 시공이 당연히 가능하나 이는 비용 면에서 신축 공사 비용을 넘보는 수준이다. 외벽 마감 공사를 염두에 두지 않는 리모델링에서는 내단열을 택할 수밖에 없다.

내단열은 코너 부위와 층간의 열교 부위로 인해 에너지 손실을 초래하고, 열교 부위의 온도 차에 의한 결로를 유발하며 실내 측 축열체의 부재로 인한 온도 유지에 상당히 불리하다. 유기질 단열재를 사용할 시(거의 모든 내단열이 유기질 단열재를 사용한다.) 화재로 인한 심각한 피해를 줄 수도 있다. 이러한 치명적 단점으로 가급적 지양해야 하는 공법임에 틀림없으나, 내단열을 할 수밖에 없다면 다음과 같은 사항을 새겨두길 바란다.

내단열 시공 시 기존 마감의 철거

리모델링할 때 내단열을 위해 기존 내부 마감을 어디까지 철거해야 하는지에
관해 고민이 생기기 마련이다. 결론적으로 구조체 바탕 면이 드러나야 하므로
기존 마감재를 전부 철거해야 한다. 간혹 석고보드 없이 바로 벽지가 시공된
경우도 있는데, 벽지 제거가 상당히 어렵긴 해도 불가능하지 않으니 벽지까지 다
제거해야 한다. 특정 소재나 곰팡이로 손상된 벽지 위에 단열재를 부착했을 때 그
사이에 곰팡이가 필 수 있기 때문이다. 기존 마감재를 철거한 후에는 충분한 건조
이외에 다른 화학적 처리를 할 필요는 없다.

천장의 경우(리모델링 범위에 따라 차이가 있겠지만) 시스템 에어컨,
열회수형 환기장치 등을 설치하기 위해서라도 천정을 철거 후 재공사하는 것이
좋으나 해당 공사에 투입되는 예산에 맞게 철거 범위를 미리 정해야 하겠다. 대신
열교 최소화를 위해 수평 단열재는 설치돼야 한다.

단열재 선택 및 열교 최소화

내단열 공법에는 무기질 단열재 사용이 가장 최선의 선택이다. 단열재 두께에
맞춘 목조 하지틀을 설치하고 무기질 단열재(그라스울, 미네랄울 등)를 채워
넣는 방식으로 단열층을 형성하면 화재 시 유독가스로 인한 피해를 최소화할
수 있다. 또한 목조 하지틀 자체가 석고보드 고정틀 역할을 하며 창호 시공도
합리적으로 이뤄진다. 다만 무기질 단열재는 완전 투습체이기 때문에 방습층은
필수 구성 요소다.

무기질 단열재는 이러한 장점에도 불구하고 리모델링 시장에서 찾아보기가
어렵다. 건축·건설업계에서 이 재료를 다루는 데 능숙하지 못하고 방습층 구성에
대한 이해가 부족해서가 아닐까, 짐작된다.

대다수 현장이 유기질 단열재를 사용하는 현실 속에서 가장 합리적 선택은
사실상 압출법 보온판으로 내단열층을 구성하는 방안이다. 이론적으로 두께
100mm 이상의 압출법 보온판은 불투습으로 볼 수 있어서 별도의 방습층을
설치하지 않아도 단열재를 통과하는 수증기로 인한 피해를 최소화할 수 있다.

그러나 내단열에 있어 어떤 시공 방법이든지 단열층이 끊어지는 코너
부위나 층간의 경우 열교를 피할 수는 없다. 아파트 시공처럼 슬라브 하부에 결로
방지용 수평 단열재(30mm 압출법 보온판)를 500mm 이상 설치해 열교를 줄일
수 있게 대응하는 방법일 뿐이다.

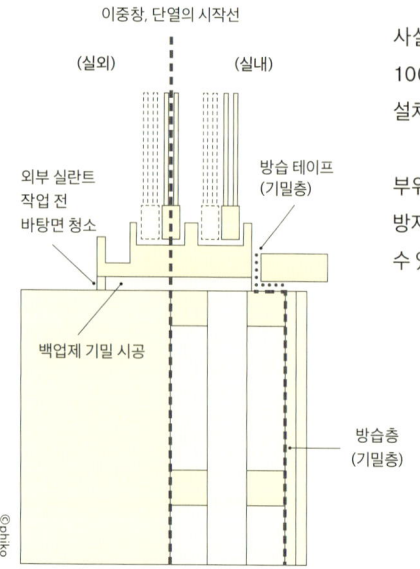

이중창, 단열의 시작선

(실외)　(실내)

외부 실란트
작업 전
바탕면 청소

방습 테이프
(기밀층)

백업제 기밀 시공

방습층
(기밀층)

©phiko

무기질 단열재를 사용한 내단열 구성

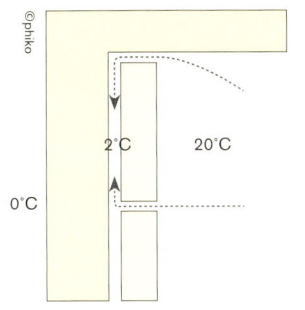

단열재를 밀착하지 않을 시 부위별 온도

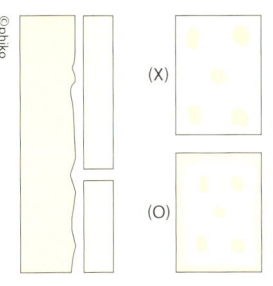

단열재 부착 방법, 리본 앤 댑

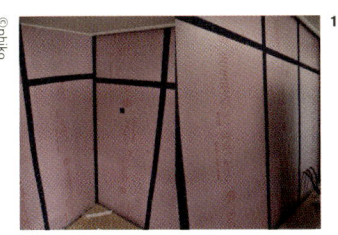

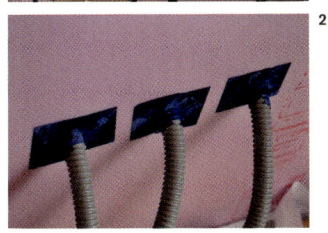

1 전용 방습 테이프 시공
2 외벽면 콘센트 박스 제거후 전선관 기밀 처리

내단열 설계 및 시공 시 주의 사항

내단열은 신축이든 리모델링이든 가장 불리한 열교 부위라고 할지라도 최소한의 성능이 확보되도록 설계 및 시공돼야 한다. 구조체에 의해 단열선이 끊어진 부위에는 결로 방지 목적으로 수평·수직 단열재를 500mm 이상 설치하는 게 바람직하다. 유기질 단열재를 벽체 내단열에 쓸 때는 100mm 이상의 압출법 보온판을 설치하되 환경표지가 인증된 난연(B2 등급) 이상의 접착폼을 리본 앤 댑(ribbon and dab [1]) 방식으로 도포해 구조체에 밀착시킨다. 이때 단열재 이음 부분을 전용 방습테이프로 붙혀 수증기가 단열재 틈으로 이동해 구조체와 단열재 사이에 곰팡이를 유발하지 않도록 대비해야 한다.

내단열 구성에 석고보드는 필수이며 목조틀 위에 반드시 두 장을 겹쳐 시공한다. 첫 번째 석고보드는 나사못을 사용하고 두 번째 장은 타카를 이용한 고정도 가능하다. 가급적 방화석고보드를 택해 화재 안전성을 확보하기를 권장한다.

붙박이장은 내벽 쪽으로 설계한다. 외벽 쪽에 가구가 있다면 실내 공기가 벽체까지 도달하지 못해 가구 뒷면에 곰팡이가 날 수 있다. 또한 외벽 면에 콘센트 등을 설치하지 않는다. 부득이하게 외벽 면에 콘센트가 필요하다면 콘센트 박스는 철거하고 전기선만 빼내어 석고보드 설치 공간에 콘센트를 매입하는 방법으로 공사한다.

창호도 역시 중요한 설계·시공 포인트다. 시스템 창이나 고효율 창호를 설치하고 창호 주변에 기밀 테이프를 시공해 누기를 막는 것이 매우 중요하다.

아울러 최상층의 경우 지붕에 외단열 자갈 마감의 역전지붕[2]을 설치해 직달일사에 의한 지붕 구조, 단열재 및 방수층의 손상이 없도록 해야겠다. 흔히 사용하는 노출방수는 2년에 한 번씩 보수해야 하는데, 이 점을 감안하면 역전지붕이 시공도 쉽고 비용 면에서도 이득이다.

1) 리본 앤 댑: 단열재 가장자리와 중앙 모두에 접착제를 도포해 부착하는 방식.
　단열재 중앙에만 접착제를 바르는 방법은 돗 앤 댑이라고 한다.
2) 역전지붕: 방수층 위에 외단열을 한 지붕.

윤석필
2015년 건축사사무소 이레·EL을 설립해 주택, 병원, 교회, 카페 등의 다양한 작품 활동을 하고 있다.
한국패시브건축협회 정회원이며, 패시브건축 설계뿐 아니라 저에너지-하이브리드 건축을 이용한 비용절감을
과제로 연구 중에 있다.

4

SUPPLEMENT

Supplement

단열재 생산 업체와 취급 품목 정보

단열재 업계는 크게 제조 및 생산 전문 기업, 납품과 시공까지 하는 기업, 그리고 단열 기능과 관련된 물질을 다루는 화학소재기업으로 구분할 수 있다. 건축 현장에 적합한 업체와 제품을 찾아보자.

-
글 허보경

서울

LX Z:IN

LX지인은 LX하우시스가 2006년에 런칭한 프리미엄 주거 환경 토탈 솔루션 브랜드이며 자체 개발한 프리미엄 단열재 LX Z:IN PF보드를 취급한다.

연락처	1544-1893
홈페이지	https://www.lxzin.com/
주소	서울특별시 중구 후암로 98 LX하우시스

LX Z:IN PF보드를 외단열 1종, 내단열 2종으로 제공하며, 이 제품은 기존 단열재 대비 최대 약 2배의 단열 성능, 화재 안정성, 친환경성, 경제성을 갖추었다. 공동주택과 상업용 건물, 지하주차장(천장)에 적용할 수 있다.

주요 제품

LX Z:IN PF보드 준불연Core
준불연 심재를 가진 외단열 단열재
- 열전도율: 0.020 W/m·K 이하
- 적용: 외단열(외벽, 필로티)
- 운영 규격: 두께 30~180mm / 폭 1200mm / 길이 600, 2000mm

LX Z:IN PF보드 1면 준불연
알루미늄 면재로 구성된 내단열 제품
- 열전도율: 0.020 W/m·K 이하
- 적용: 내부골조(벽, 천장)
- 운영 규격: 두께 30~200mm / 폭 1200mm / 길이 600, 2000mm

LX Z:IN PF보드 1면 난연
알루미늄 면재로 구성된 내단열 제품
- 열전도율: 0.020 W/m·K 이하
- 적용: 공동주택 내단열
- 운영 규격: 현장별 두께/길이 맞춤 생산

㈜경동원

1918년 삼손통상으로 시작해 전국 각지에 지점과 공장을 설립하는 등의 발전을 거쳤고 2010년에 경동원으로 명칭을 바꾸어 지금까지 이어오고 있다. 친환경소재를 이용하여 건축·산업 자재를 제조하는 세라텍사업부와 홈네트워크 시스템을 개발하는 네트웍사업부를 운영하고 있다. 취급하는 건축 단열재 유형으로는 준불연/난연 우레탄 스프레이폼, 준불연 우레탄 보드, 진공 단열재가 있다.

연락처	세라텍사업부 02-559-8181
홈페이지	https://www.kdone.co.kr/
주소	(본사) 서울특별시 영등포구 국회대로76길 22, 7층 (공장) 충청남도 아산시 영인면 아산호로 331 충청북도 음성군 대소면 한삼로87번길 74 경상북도 경주시 강동면 천강로 1095

주요 제품

세이프폼xafe foam EXL/EL
석고보드나 보호면재 없는 단일 소재로서 준불연 재료 및 난연 재료 성능을 확보한 우레탄 단열재이다. 우수한 단열 성능과 기밀한 스프레이 시공으로 결빙 생성을 방지하고, 화재에 안전한 환경을 만들 수 있다.
- 열전도율: 0.022 W/m·K 이하
- 적용: 냉동/냉장 창고와 같은 저온환경

세이프폼xafe foam EX/E

'세이프폼xafe foam EXL/EL'과 동일한 특징을 지니며, 일반 건물 및 상온 창고에 사용할 수 있는 제품이다.
· 열전도율: 0.022 W/m·K 이하
· 적용: 필로티, 내부 천장/벽체/철골보/골데크 등 준불연재료 성능이 필요한 모든 구간

세이프보드xafe board

준불연 스프레이 우레탄폼을 상용화한 건축용 심재 준불연 단열재이다. 높은 단열 성능으로 인해 낮은 두께로도 열관류율 기준을 만족하여 경제성을 확보한 제품이다. 닫힌 셀로 이루어져 구조적으로 안정적이며 수분흡수율이 낮아 높은 내구성을 지녔다.
· 열전도율: 0.020 W/m·K 이하
· 운영 규격: 두께 50~180mm / 폭 1000mm / 길이 2000mm

하이퍼-백

고성능 진공단열재인 하이퍼-백은 제로 에너지 하우스 실현과 특수 목적 운송수단을 위한 단열 솔루션을 제공하고자 개발되었다. 기존 단열재 대비 뛰어난 단열 성능과 다양한 입체 형상으로 건축물을 비롯해 냉장고, 냉동탑차 등 냉·난방이 요구되는 곳 어디든 사용이 가능하다.
· 열전도율: 0.0045 W/m·K 이하
· 운영 규격: 두께 10~30mm / 폭 150~600mm / 길이 200~1500mm

㈜국도화학

1972년 설립된 국도화학은 에폭시 수지 기반의 화학 소재기업으로서 폴리우레탄, 바이오 소재, 복합재료 등 다양한 첨단 소재와 원료를 생산하여 선박, 자동차, 건설, 우주 항공 등의 산업 전반에 제공한다. 국내 생산 공장은 익산, 부산, 시흥에 해외 생산지로는 중국과 인도가 있다.

연락처	대표번호 02-3282-1400 제품문의 02-3282-1325
홈페이지	https://www.kukdo.com/
주소	(본사) 서울특별시 금천구 가산디지털2로 61 (공장) 전라북도 익산시 석암로13길 32 (석암동) 부산광역시 강서구 녹산산단165로 64-17 (송정동) 경기도 시흥시 공단2대로 15 (정왕동)
주요 제품	**경질폴리우레탄폼** 국도화학에서는 폴리우레탄 원료인 폴리올을 생산 및 공급하며, 단열재인 경질 폴리우레탄폼은 딱딱한 형태이면서 강도가 우수하고 단열 성능이 뛰어나 건축용 단열재는 물론이고 가스저장조 단열재, 배관 단열재로도 사용된다.

㈜벽산

1951년 동양물산주식회사로 시작한 종합건축자재 기업이다. 유기질과 무기질 단열재 모두 취급한다.

연락처	대표번호 02-2260-6114 제품문의 02-2260-6241(그라스울, 그라스울 워터프리) 6247(미네랄울 산업용), 6245(세라믹울), 6198(아이소핑크, 우레탄보드), 6264(BVIP)
홈페이지	http://www.byucksan.com/index.asp

주소	서울특별시 중구 퇴계로 307 광희빌딩 10층, 14층 (공장) 전라북도 익산시 서동로 675(그라스울 관련 제품 생산) 경기도 여주시 가남읍 경충대로 1418 (그라스울 관련 제품 생산) 충청북도 영동군 용산면 남부로 1500-42 (미네랄울 관련 제품 생산) 충청남도 홍성군 갈산면 산단로 388번길 100(그라스울, 아이소핑크 생산)

주요 제품	**그라스울** 제품 내부에 다량의 공기를 포함하고 있어 시멘트 콘크리트의 40배, 흙벽의 12배나 되는 보온, 단열 효과를 갖는다. 폐유리와 같은 재활용 원료를 사용하여 오염물질 발출량을 최소화하여 새집증후군 예방효과가 뛰어나다. 건물의 벽, 바닥, 천장 및 파이프 보온, 차량, 선박 등 특수 용도에 따라 다양한 제품을 선택할 수 있다. · 종류: 그라스울 보드, 그라스울 매트, 프리매트 보드, G/C보드, 그라스울 패널, 그라스울 에코 · 적용: 주택용(천장, 벽, 바닥), 일반 건축, 산업용 **그라스울 워터프리** 기존 그라스울 제품의 발수성을 개선하여 건식 외벽 시공 시 흡수 및 투습을 최소화한 외단열 전용 단열재이다. 주원료인 폐유리를 90% 이상 재활용하였다. · 적용: 건축물의 외벽, 지붕, 필로티 천장 **미네랄울** 규산 칼슘계의 광석을 고온으로 용융시켜 만드는 단열재이다. 건축, 산업, 선박용 등 다른 단열재에 비해 사용범위가 대단히 넓어 건축물의 내화·흡음·보온·단열은 물론 각종 플랜트, 선박 등의 보온·단열·보냉과 농업용의 종자판에 이르기까지 그 용도가 매우 다양하다. 섬유가 유연하고 복원력이 우수하며 열전도율이 낮아 에너지 절감에 필수인 자재이다. · 적용: 공조시설, 위생설비, 결로방지, 옥상단열, 외벽단열, 냉동창고 등(추가 정보는 홈페이지 참고) **아이소핑크** 압출발포 방식으로 생산되어 미세한 독립기포 구조 내에 기체중 열전도율이 낮은 불화탄소를 충진하였기 때문에 단열재 중 낮은 열전도율을 지니고 있다. · 적용: 아파트, 오피스텔 등 건축물의 내외벽 및 옥상 단열 등(추가 정보는 홈페이지 참고) **BVIP 진공단열재** 최저 열전도율(0.002W/m·K)의 건축용 고성능 단열재이다. 우레탄 및 PF보드 대비 열전도율이 1/10 수준이고 단열 두께 감소가 가능하여 공간 활용도를 높일 수 있다. 화재 안전성 및 에너지 효율의 극대화로 각광받고 있기도 하다. · 적용: 아파트 및 오피스텔 등 건축물의 내단열 내벽과 천정부, 최상층 옥상 바닥, 외단열 습식 및 건식, 커튼월 백판넬 단열, 방화문 · 운영 규격: 두께 5~20mm / 폭 100~600mm / 길이 900~1200mm **세라믹울** 초고온 내화 단열재로서 가정용 열기기 및 전자제품부터 각종 공업로의 단열 설비에 적용할 수 있다. 화학물질에 강하여 화학적으로 안정된 제품이며 고온에서 열전도율이 매우 낮아 우수한 단열효과를 나타낸다. · 권장 사용 온도: (1260 Blanket) 1000 ℃이하 / (1430 Blanket) 1350 ℃이하 · 적용: 요로의 천장 및 벽체의 단열로 내부의 충진 및 실링재(추가 정보는 홈페이지 참고) · 운영 규격: 두께 25, 50mm / 폭 610mm / 길이 3600, 7200mm **우레탄보드** 우레탄 보드는 KS 유기질 단열재 중 낮은 열전도율을 가진 제품으로 비교적 얇은 두께로 시공이 가능하여 공간 활용성이 우수하다. 모든 건축물의 지붕, 벽, 바닥 등에 단열재로 사용할 수 있으며 차량, 선박, 냉동, 냉장 창고 등에도 단열재로 적용 가능하다.

㈜한국바로코

1997년 창립하여 현재 외벽단열공법 관련자재, 건축용 내·외부 마감도료, 준불연 마감재, 다채무늬도료 등의 제품을 개발 및 생산하여 외벽 단열시장과 아파트 특화 현장에서 인정받는 기업이다. 한국바로코의 건축용 내·외부 마감도료는 중국, 몽골, 캐나다, 중동 지역 등 세계 10여 개국으로 수출되고 있다.

연락처	서울사무소 02-2695-8533
홈페이지	https://baroco.co.kr/
주소	(서울사무소) 서울특별시 강서구 양천로 583 우림블루나인비즈니스센터 B동 1806호 (염창동 240-21) (공장) 경기도 김포시 통진읍 대서명로 65-1 (서암리 555-4) 경기도 김포시 월곶면 비석동로 27번길 117 (갈산리 117)

PF보드
LX Z:IN PF보드를 납품·제공하고 있다.

미네랄울 보드
미네랄울은 무기질의 인조광물섬유 단열재로서 단열 및 흡음 성능이 뛰어나고 불에 타지 않으며 시간경과에 따른 변형이 없어 반영구적으로 사용할 수 있다. 발수 성능과 내수 성능이 우수하여 건물 외부 벽체와 필로티 등 습기 노출이 우려되는 부위에 적용할 수 있다.
· 적용: 건축물의 외부 벽체 습식 마감, 필로티 천장 단열, 벽체 및 천장 부위 콘크리트 일체 타설 단열 공법

비드법 단열재
1, 2종 모두 제공하고 있다. 비드법 단열재는 최소한의 비용으로 외벽을 구성할 수 있고 시간 경과에 영향 없이 지속적으로 높은 단열성을 보인다. 먼지나 섬유가 발생되지 않고 눈, 피부, 폐를 자극하지 않는 등 안전하면서 친환경성을 갖춘 제품이다.
1종 대비 2종은 단열 성능이 20~30% 이상 향상된 제품으로써 건축물 에너지 절약 설계 기준에 따라 '가 등급' 단열재 요건에 충족한다. 난방 시스템 규모를 감소시킬 수 있고 적은 투자비용과 환경 부담이 장점이다.

압출법 단열재
미세한 독립기포 구조 내에 기체 중 열전도율이 가장 낮은 (0.0097 W/m·K) (0.0083 kcl/mh℃) 불화탄소를 충진하여 단열재 중 가장 낮은 열전도율을 나타낸다. 자기 스스로 소화되는 성질이 있으나 불연 재료가 아니기에 보관 또는 사용 시 고온에 주의해야 한다.

경질우레탄 보드
다른 단열재에 비해 화재 안전성이 우수하고 얇은 두께로 시공이 가능하여 넓은 실내 공간을 확보할 수 있다.

(주요 제품)

한국바스프

BASF는 1865년 독일에 설립된 회사이고 현재 본사는 루트비히스하펜Ludwigshafen에 있으며 한국바스프는 1954년에 조성되었다. 화학물질, 기능성 소재, 화학제품 등 산업용 솔루션, 방수 등의 표면 기술, 영양, 농업 솔루션까지 6개 분야를 다룬다. 바스프에서 1954년에 개발한 스티로폴은 전 세계적으로 활용되는 제품이기도 하다.

연락처	서울사무소 02-3707-3100
홈페이지	https://www.basf.com/kr/ko.html
주소	(서울사무소) 서울특별시 중구 세종대로 39 대한상공회의소 빌딩 15-16층 (동탄 기술연구소) 경기도 화성시 삼성1로2길 39 (울산 유화공장) 울산광역시 남구 상개로 143

네오폴Neopor
1997년 바스프에서 스티로폴에 이어 주택의 열손실을 최소화하기 위해 고효율 단열재 네오폴을 개발하였다. 난연 성능과 단열성을 더욱 향상 시켰으며 인체에 무해한 무독성의 친환경 제품이다.

주요 제품

Luparanate M5S, M11S, M20S, M20R, M50
바스프에서는 폴리우레탄의 주원료인 메틸렌 디페닐 디이소시아네이트(MDI, Methylene diphenyl diisocyanate)를 생산하며 서로 다른 분자량의 MDI를 혼합하여 경질폴리우레탄 제품을 제조한다.

휴비스Huvis

2000년 SK케미칼과 삼양사가 함께 만든 화학섬유기업이다. 폴리에스터 섬유, 레진, 슈퍼섬유, 산업자재용 소재 등을 생산하여 건축 및 인테리어, 자동차 내장재, 침구/가구, 의류까지 폭 넓게 적용한다. 휴비스에서 생산하는 주요 건축 단열재는 GREENVIVA(그린비바)가 있다. 1993년에 ㈜한국물산이 출시한 흡음재 VIVA-Q를 1999년 SK케미칼이 인수하여 SKYVIVA라는 이름으로 변경하여 건축 및 자동차용 흡음·단열재 사업을 개시했고, 2015년 휴비스와 사업을 이전한 후 2018년 GREENVIVA로 재탄생 시킨 것이다.

연락처	서울사무소 02-3707-3100
홈페이지	https://www.huvis.com/kor/
주소	(서울본사) 서울특별시 강남구 학동로 343, 더 피나클 강남 12층 (대구사무소) 대구광역시 중구 국채보상로 488, 1001호 (공장) 전라북도 전주시 덕진구 기린대로 787 (팔복동 2가) 전라북도 전주시 덕진구 팔복로 145 (팔복동 3가)

GREENVIVA는 폴리에스테르 단섬유 100%로 제조된 친환경 흡음재 및 단열재이다. 일상 생활에 친숙한 폴리에스테르 섬유로 제조되기에 인체에 해가 없고 반영구적 내구성을 지녔다. 흡음, 단열, 마감 기능에 따라 일반형, 이중보드형, 인테리어 응용 유형으로 구분할 수 있다.

GREENVIVA 일반형
· 적용: 주택 단열재(스틸하우스, 목조주택 등 단독주택), 공동주택, 일반 건축물 벽체 및 천장, 강당 및 음악실, 연습실, 회의실 충전 흡음재, 경량칸막이(드라이월) 충전재
· 열전도율: 0.040 ~ 0.033 W/m·K
· 운영 규격: 두께 10~125mm / 폭 360~2100mm / 길이 600~2500mm

주요 제품

GREENVIVA 이중보드형
· 적용: 기계실, 공조실 실내 마감재(흡음 및 단열), 전산실, 실외기실 내부 마감재(흡음 및 단열), 연습실, 회의실, 음악실, 체육관 등의 실내 벽 및 천장 마감흡음재
· 열전도율: 0.040 ~ 0.033 W/m·K
· 운영 규격: 두께 25~120mm / 폭 500~2000mm / 길이 1000~2400mm

(주)휴인텍

친환경 폴리에스터 소재의 흡음 단열재를 개발하여 T-MAX라는 브랜드를 운영한다. 단열에 중점을 둔 제품군으로는 티맥스를 기반으로 한 T-BOARD, T-MAX EMBO, T-MAX DOUBLE, T-MAX NET가 있다.

연락처	02-3448-5522
홈페이지	http://www.t-maxkorea.com/default.asp

주소	서울특별시 강남구 테헤란로 52길 21, 파라다이스벤처타워 6층

T-MAX
100% 폴리에스터로 향균 및 방취효과에 우수하고 열압착 방식으로 제조하여 인장강도와 결합력이 우수하다. 신체 접촉 시 무해하며 제품의 취급과 시공이 용이하다. 건물 벽체, 천장, 바닥 등의 내외벽 충진용 등으로 적용할 수 있다(추가 정보는 홈페이지 참고).

T-BOARD
기존 T-MAX를 하드보드 hard board 유형으로 개발한 제품으로서 실내 흡음 마감재 및 이미지월용 인테리어 마감재로 사용되며, MDF 또는 석고보드 등의 대용으로까지 적용이 확대되었다.

T-MAX EMBO
기존 T-MAX의 일면을 엠보싱 과정을 거쳐 공기층 확대로 인한 흡음효과와 통기성, 보온성이 더욱 증가된 제품이다. 철도나 도로 방음벽에 적용할 수 있고 음향시설의 흡음 충전재로, 건물의 단열재 및 흡음충진재로 사용 가능하다.

T-MAX DOUBLE
한 면을 방염직물로 마무리하여 자체마감이 가능한 제품이다. 벽면 부착력을 높이고 표면을 평평하게 만들어 마감성이 높아 그대로 사용할 수 있다.

T-MAX NET
T-MAX 일면을 그물모양 형태로 열융착하여 오돌오돌한 수축주름 crepe이 있는 제품으로서 자체마감이 가능하다. 높은 흡음률과 오염방지 기능을 갖췄다.

(좌측 '주요 제품' 라벨)

TPO 데크 패널
상부 마감은 TPO 시트로, 내부 단열재는 경질폴리우레탄으로 구성된 지붕 패널 시스템이다. 패널 간 연결부를 열풍 융착 방식으로 결합하기에 이음 강도가 강력하고 방수 기능까지 갖추었다. 홈통, 코너 및 후레싱 부위의 시공이 간편하여 환기구나 채광창도 쉽게 설치할 수 있다. 파손 부위 별 부분 보수가 가능하고 일시적 보수가 아닌 일체화된 열풍 용접 방식을 적용해 기존 지붕재와 영구적 일체화도 가능하다. 재활용 가능한 소재이므로 열풍 용접 시 유해가스가 발생하지 않는다.
- 열전도율: 0.021 W/m·K 이하
- 운영 규격: 두께 50~150mm / 폭 1000mm / 길이 200~18000mm

그라스울 패널
1급 불연재이자 순수 무기질 자재인 유리 섬유를 단열재로 사용하여 불에 타지 않고 화재 시 유독가스가 발생하지 않는다. 그라스울은 연속기포를 함유한 다공질로 형성되어 있기에 흡음, 차음, 방음 기능이 있는 단열재로도 알려져 있다.
- 열전도율: 0.033(48K) W/m·K 이하
- 운영 규격: 두께 50~250mm / 폭 1000mm / 길이 200~18000(취급 및 운반 가능한 범위내)

(좌측 '주요 제품' 라벨)

준불연 EPS/EPS 패널
뛰어난 보온성을 가진 EPS에 나노기술과 특수 처리를 적용해 제조한 패널이다. 준불연성이 뛰어나 각종 사고를 예방하는 동시에 단열 성능은 붉은 벽돌의 21.5배, 콘크리트의 49배나 된다. 또한, 방습·방수 문제와 시공의 경제적 문제까지 해결한 조립식 단열 패널로서 기존 EPS 패널과 동일한 용도의 모든 부분에 손 쉽게 적용할 수 있다.
- 운영 규격: 두께 50~260mm / 폭 1000mm / 길이 2000mm~18000mm(취급 및 운반 가능한 범위내)

우레탄보드
경질폴리우레탄 품은 소재 자체의 단열성, 경량성, 완충성 등의 성질을 활용해 단독 또는 타재료와 복합화하여 단열재, 경량 구조재, 완충재 등으로 다양하게 사용된다. 따라서 경질폴리우레탄 품으로 이루어진 우레탄 보드는 현재 상용화된 단열재 중 가장 뛰어난 단열성능이 있는 것으로 알려져 있다. 특히 동천에서 생산하는 제품은 100% PIR을 사용해 타 단열재에 비해 화재 안전성이 우수하며 2003년부터 축적된 노하우와 기술을 토대로 생산하고 있다.
- 열전도율: 0.023W/mK 이하
- 운영 규격: 두께 30~230mm / 폭 1000mm

경기

(주)동천
1988년 부천수지 창립 이후 2003년 동천 설립, 2008년 은성산업 인수합병 등을 통해 조립식패널, 건축용 보온단열재, 건설사업 등 3개 사업 분야 중심으로 8개 계열사가 협력하는 기업이다. 샌드위치 패널부터 지붕 패널, 칼라 강판, 창문 바 bar, 물받이 등과 같은 부속품까지 생산하고, 최근 패시브건축에 관한 사회적 관심이 높아짐에 따라 건축 단열재 사업에 주력하고 있다.

연락처	본사 031-681-2800 서울사무소 02-529-0711~3
홈페이지	http://www.dcpanel.co.kr/dcpanel/
주소	(본사/공장) 경기도 평택시 오성면 오성북로 145 (서울사무소) 서울특별시 서초구 강남대로 16길 14-2 동창빌딩 403호 (대전사무소) 대전광역시 유성구 탑립동 869번지 405호

우레탄 패널
폴리우레탄폼으로 만들어 그라스울이나 스티로폴에 비해 열전도율이 50%에 지나지 않아 단열 성능이 우수하다. 물과 수증기에 대한 저항력이 강하고 저온에서 수축·팽창이 거의 없어 냉동창고 등에 적용할 수 있다. 난연성과 내열성능을 향상시켜 방화성능 또한 우수하다.
- 열전도율: 0.021W/m·k 이하
- 운영 규격: 두께 50~150mm / 폭 1000mm / 길이 2000~18000mm

(좌측 '주요 제품' 라벨)

부옥물산
1976년 설립한 건축용 스티로폴 전문 생산업체로서 자체 평판 스티로폴 생산설비를 갖추고 있고, 원료입고부터 발포, 방출, 성형, 건조, 절단, 출고까지의 자동화설비를 운영한다.

연락처	031-502-1948
홈페이지	http://buokeps.co.kr/web/home.php?go=main
주소	경기도 안산시 상록구 팔곡1동 470-8

비드법 1종(평판)
각종 건축물, 냉동공장, 선박의 단열재용과 방진 결로방지를 요하는 건물의 벽체 및 지붕에 적용할 수 있다.
- 운영 규격: 두께 10~600mm

비드법 2종(평판)
각종 건축물, 냉동공장, 선박의 단열재용과 방진 결로방지를 요하는 건물의 벽체 및 지붕에 적용할 수 있다.
- 운영 규격: 두께 10~600mm

(좌측 '주요 제품' 라벨)

비드법 2종(외벽 단열용)
건물의 외벽단열, 노후건물의 개서 및 보수, 특성있는 건물의 장식 등에 사용할 수 있다. 6주 이상의 숙성 과정을 거쳐 수축, 팽창 등 변형이 없으므로 시공 후 외벽이 깨지거나 갈라지는 현상이 없으며 치수가 정확해 작업 시 불량률이 적다.

주요 제품

비드법 2종(판넬용)
국내에서 생산하는 EPS 판넬 전 규격품을 생산한다.
· 운영 규격: 두께 20~900mm / 길이 3600mm

비드법 2종(난연판넬)
EPS 입자 난연 코팅 성형제품으로서 샌드위치 판넬 사용시 국토해양부고시 제 2009-866호(건축물 내부마감 재료의 난연 성능 기준)의 준불연 및 난연재료 성능 기준에 적합하며, 친환경성, 난연성능, 단열성이 우수한 제품이다.

(주)에스와이

2000년에 창립한 종합건축자재 전문 기업이고 국내에 5개 법인, 15개 사업장을 운영하고 있다. 원재료 생산부터 완제품 생산, 설계, 시공까지 원스톱 서비스를 제공한다. 건축용 단열재로는 테크보드TECH BOARD를 취급한다.

연락처	대표번호 1588-0680 제품문의 070-4808-2321
홈페이지	http://www.syworld.kr/
주소	경기도 수원시 권선구 정조로 340-2 에스와이빌딩
주요 제품	**테크보드** 가장 우수한 단열효과를 가진 PIR을 단열소재로 사용하여 기존 폴리우레탄의 장점을 그대로 유지하면서 난연성, 내열성, 저연성 등을 개선하여 만든 단열재이다. 모든 건축물의 지붕, 벽, 바닥 등에 단열재로 사용할 수 있다.

㈜테크론

테크론은 1995년 창립 이후 20여 년간의 꾸준한 연구와 품질관리를 통해 친환경, 고효율 단열재를 개발해왔다. 2019년 ㈜코디엠이 흡수합병한 이후에도 테크론 단열재를 생산 및 제공하고 있다. 테크론이 자체적으로 개발한 단열재는 적외선 상태로 이동하는 복사열을 차단하는 특징이 있다.

연락처	031-671-7071~2
홈페이지	http://techlon.co.kr/
주소	경기도 안성시 죽산면 장원공단길 45-17
주요 제품	**테크론 열반사 단열재** 부피단열재(스티로폼, 그라스울 등)와 열반사단열재의 장점을 살려 개발하였으며 폴리에스터/폴리에틸렌을 주원료로 사용하여 친환경적이고 산화 및 풍화 현상이 없다. 방사율 0.04의 저방사 기능과 97%의 고반사 기능으로 복사열 차단 효과가 있어 한국과 같이 겨울에 춥고 여름에 더운 기후조건에 적합하다. 준불연 제품과 일반열반사 제품이 있다.

충북

영보화학㈜

영보화학은 1979년 설립된 가교 폴리올레핀 폼 전문 제조회사이다. 아티론Artilon, 에피론Epilon, 필미Filmy, 영보드Young board, 파이로셀Pirocel, 아티플렉스Artiflex 소재를 생산하여 자동차용 내장재, 건축용 보온재, 산업용 에어컨 배관재 등 다양한 분야에 적용 및 제공한다.

연락처	본사 043-249-2000 서울영업소 02-531-3700
홈페이지	http://m.youngbo.com/index.html
주소	(본사) 충청북도 청원군 강내면 서부로 230-23 (서울영업소) 경기도 과천시 중앙로 427
주요 제품	**아티론** 건축 및 토목분야의 단열재로 사용되는 보온재이다. 열전도성이 낮아 보온효과가 우수하고 밀착성이 뛰어나 결로가 일어나기 어려운 재질이다. **파이로셀** PIR로 만들어지는 단열재이다. 유·무기 단열재중 우수한 단열성과 난연성을 가져 단열 두께를 최소화할 수 있다는 특징이 있다. 따라서 신축 및 리모델링 등에 있어 경제적 가치 및 에너지 절감에 탁월한 제품이다. 건축 단열재, 배관용 보온재, 바닥충격음 완충재, 덕트용 보온재, 칼라강판 단열재로 적용할 수 있다.

충남

(주)정양SG

1986년 설립 이래 건축 단열 분야에서 지속적인 기술개발을 바탕으로 고품질의 단열 솔루션을 제공하는 열교차단 전문 제조기업이다. 중소벤처기업부와 국토교통부 정부과제를 통해 7년 이상 연구하여 구조용 열교차단재(열교차단 단열구조체)를 개발했다. 열교차단재에 적용된 핵심 신기술과 제품 품질의 우수성을 인정받아 산업자원통상부 NEP(신제품, new excellent product), 조달청 우수제품, 조달청 혁신제품 인증을 보유하고 있다.

연락처	대표번호 041-852-3319
홈페이지	https://www.lbnmodular.com/
주소	충청남도 공주시 송선농공단지길 39)
주요 제품	**외단열 발코니용 LBN Modular EXT-SLB** 외부로 돌출된 발코니 등 구조체의 형상으로 인해 단열이 불연속되는 슬라브 구조체 내부에 설치하는 제품이다. 제품 상부와 하부에 외벽 단열재를 시공할 수 있어 단열의 끊김을 방지할 수 있다. · 구조내력: 휨모멘트 저항 23.4~63.2kN·m.m, 전단 저항 85.5~128.3kN/m · 2시간 내화성능 확보(시험기준: KS F 2257, 건축부재의 내화 시험방법)

	내단열 슬라브용 LBN Modular INT-SLB
	외벽과 슬라브 접합 부위의 구조체 내부에 설치하는 제품이다. 슬라브와 높이가 동일하여 제품의 상부와 하부에 벽체 단열재를 시공하여 내단열 시공임에도 단열의 끊김을 최소화할 수 있다. 공동주택에 적용 가능하다.
	· 구조내력: 휨모멘트 저항 23.4~63.2kN·m·m, 전단 저항 85.5~128.3kN/m
	· 2시간 내화성능 확보(시험기준: KS F 2257, 건축부재의 내화 시험방법)
	파라펫용 LBN Modular PRP
주요 제품	파라펫 구조체의 하부에 설치하는 제품이다. 파라펫과 너비가 동일하여 제품 양쪽으로 외벽에 시공된 단열재와 지붕에 시공된 단열재가 연결되어 단열의 불연속을 방지할 수 있다.
	· 구조내력: 휨모멘트 저항 2.7~7.6kN·m/EA, 전단 저항 14.3~21.4kN/EA
	벽체용 LBN Modular WF
	외벽 구조체의 하부에 설치하는 제품이다. 벽체와 너비가 동일하여 제품 양쪽의 외벽에 시공된 단열재와 최하층 슬라브에 시공된 단열재가 연결되어 단열의 불연속을 방지할 수 있다.
	· 구조내력: 압축 저항 1095~1142kN/EA, 전단 저항 145~202kN/EA

경남

(주)대신산업

2010년에 설립된 비드법 보온 단열재를 전문으로 생산하는 기업이다. 원료 투입부터 성형, 건조, 절단까지 완전자동생산 가능한 시스템을 갖추어 균일하고 우수한 제품을 대량생산할 수 있다.

연락처	055-391-6151
홈페이지	http://daeshineps.com/main/main.php
주소	경상남도 밀양시 초동면 초동농공단지길 5
주요 제품	**비드법 보온 단열재** 치밀한 기포로 형성되어 있어 열전도율이 극히 낮아 내·외부의 열을 차단하여 단열 효과를 낸다. 유연하고 부드러워 칼이나 열선 등으로 쉽게 절단할 수 있어 어떠한 장소, 상황에서도 시공이 용이하다. 아파트, 일반주택, 충간차음재, EPS블록, 냉동저온창고, 컨테이너 등 건축용 보온단열판에 적용 가능하다. · 취급 종류: 비드법 1종[나 등급] 1~4호 비드법 2종[가 등급] 1~4호 외벽단열재 난연(준불연), 비드법 1종, 비드법 2종 XPS 단열판, 방습판

광주

(주)그린인슐레이터 Green insulator

2006년에 설립된 건축 및 산업용 단열재를 연구·개발하는 전문 제조기업이며, 2014년에 자체 개발한 진공단열재를 전문으로 생산한다.

연락처	062-951-8600 / 070-7787-8600
홈페이지	http://www.supervac.co.kr/ko/
주소	(본사) 광주광역시 광산구 평동산단로 217 (서울사무소) 서울특별시 송파구 새말로62 송파푸르지오시티 423호
주요 제품	**SUPERVAC(진공단열재)** VIP(vacuum insulation panel)로 불리는 진공단열재로, 단열재 내부를 진공처리하여 열의 전도와 대류를 차단해 열전달이 거의 없다. 건축을 포함하여 방화문, 복합패널, 혈액냉장고, 냉동탑차, 자판기, 아이스박스, 배관, 냉장고까지 다양하게 적용 가능하다. · 열전도율: 0.0021 W/m·K 이하 · 운영규격: 두께 10~40mm

전북

(주)한영

2014년에 설립된 기업이고 친환경 소재의 압출법 단열재를 생산하며, XPS 바이오핑크를 전문적으로 취급한다.

연락처	02-6959-9419
홈페이지	http://www.biopink.co.kr/default/index.php
주소	(본사, 공장) 전라북도 정읍시 북면 북면공단 2길 105-16 / 한교리 34-5
주요 제품	**XPS 바이오핑크** 압출 발포 방식으로 생산되며 미세한 독립기포 구조내에 열전도율이 낮은 기체가 충전되어 있어 단열성이 우수하다. 또한, 시간이 지날수록 단열성이 저하되는 기존 단열재와 달리 바이오핑크의 미세한 독립기포 구조가 수분이나 습기를 차단하여 단열효과를 지속시킨다. · 취급 종류: XPS 단열판, 방습판

참고자료

단행본

- 홍도영, 『패시브하우스 설계 & 시공 디테일』, 주택문화사, 2012.
- 이종민, 『우리 집이 앓는 속병』, 리노하우스, 2020.
- 한국건설기술연구원, 『2018년도 주요사업 5차년도 보고서, 국가 온실가스 감축 대응을 위한 그린리모델링 핵심기술 및 지원정책 개발』, 2018.
- 한국건설기술연구원, 『건물외피 시스템의 그린리모델링 최적화 기술개발(5차년도)』

논문

- 서성모, 박진철, 이언구, 「국내 건물 단열기준에 따른 냉난방 부하 분석 및 최적 단열기준에 관한 고찰」, 『한국태양에너지학회 논문집』, 2011, pp. 146-155.
- 이성규, 황준하, 「저온물류센터의 첨단 냉각 시스템 및 방열설계 방안」, 2021년 9월, 『설비저널』, 2021, pp. 28-34.
- 성시창, 「목조 건축물의 화재위험과 안전 대책」, 『방재와 보험 제 108권』, 2005, pp. 18-23.
- 한국토지주택공사 토지주택연구원, 「노후주택 그린리모델링 활성화 및 지속가능 전략 수립」, 『연구기획 2022 - 012호』, 2022.
- 김현진 ·최세진, 「20년 이상 경과된 노후건축물의 단열재 성능평가에 관한 실험적 연구」, 한국건축시공학회지(JKIBC), 19 (6), p. 539 ~547 .

기사

- 한국목재신문, 「목조주택의 골조」3. 벽구조, 2004.08.19 00:20
- 패널테크, 「철골 건축에서 에너지 및 열 개선(23)」, 2020.06. 19
- 서울건축사신문, 「제로에너지건축, 탄소중립 그리고 건축사 3」, 2022.06.01
- 냉난방공조 신재생 녹색건축 전문저널 칸, 「열교방지 디테일, 결로·E손실 막는다」, 2018.06.10
- 한국건설기술연구원, 「건설연, 추운겨울 기존 창호 덧창 시공으로 단열성능을 획기적 개선」2017.01 .23

법령

- 「건축물의 에너지절약설계기준」
- 「건축물의 피난·방화구조 등의 기준에 관한 규칙」

웹사이트

- 대한건축학회 온라인 건축용어사전 http://dict.aik.or.kr
- 한국패시브건축협회 https://www.phiko.kr
- Energy Saver https://www.energy.gov/
- 마메든하우징, 더존단열블록, http://www.the-zone.co.kr/page/duzon03.php
- AHC시스템창, 고급형 이중외피 시스템창 (주)AHC시스템창

건축재료 처방전

<감 매거진GARM Magazine>은 자신의 공간을 스스로 만들 수 있는
최소한의 방법을 안내합니다. 그 시작은 건축의 가장 작은 단위인
재료에 대한 고찰입니다.
'감'은 순우리말로 재료를 뜻합니다. 감의 씨앗인 '감씨garmSSI'는
감 매거진을 만드는 에잇애플8apple의 출판 브랜드로, 당신의 공간에
적합한 재료를 소개하고 더 나아가 개인의 창조력을 현실화하는
방법을 함께 논의합니다.